Découvrez des Jeux Gratuits en Ligne

Disponible Ici :

BestActivityBooks.com/FREEGAMES

5 ASTUCES POUR DÉMARRER !

1) COMMENT RÉSOUDRE LES MOTS MÊLÉS

Les puzzles sont dans un format classique :

- Les mots sont cachés sans espaces, tirets, ...
- Orientation : Les mots peuvent être écrits en avant, en arrière, vers le haut, vers le bas ou en diagonale (ils peuvent être inversés).
- Les mots peuvent se chevaucher ou se croiser.

2) UN APPRENTISSAGE ACTIF

Un espace est prévu à côté de chaque mots pour noter la traduction. Pour favoriser un apprentissage actif un **DICTIONNAIRE** à la fin de cette édition vous permettra de vérifier et étendre vos connaissances. Cherchez et notez les traductions, trouvez-les dans le Puzzle et ajoutez-les à votre vocabulaire !

3) MARQUEZ LES MOTS

Vous pouvez inventer votre propre système de marquage. Peut-être en utilisez-vous déjà un ? Sinon, vous pourriez, par exemple, marquer les mots qui ont été difficiles à trouver d'une croix, ceux que vous avez aimés d'une étoile, les mots nouveaux d'un triangle, les mots rares d'un diamant, etc...

4) STRUCTUREZ VOTRE APPRENTISSAGE

Cette édition vous offre un **CARNET DE NOTES** très pratique à la fin du livre. En vacances ou en voyage ou à la maison, vous pouvez facilement organiser vos nouvelles connaissances sans avoir besoin d'un second bloc-notes !

5) VOUS AVEZ FINI TOUTES LES GRILLES ?

Allez à la section bonus **CHALLENGE FINAL** pour trouver un jeu gratuit à la fin de cette édition !

Simple et Rapide ! Découvrez notre collection de livres d'activités pour votre prochain moment de détente et **d'apprentissage**, à juste un clic de distance !

Trouvez votre prochain défi sur :

BestActivityBooks.com/MonProchainLivre

À vos marques, prêts... Partez !

Saviez-vous qu'il existe environ 7 000 langues différentes dans le monde ? Les mots sont précieux.

Nous aimons les langues et avons travaillé dur pour créer les livres de la plus haute qualité pour vous. Nos ingrédients ?

Une sélection des thématiques d'apprentissage adaptée, trois belles parts de divertissement, puis nous ajoutons une cuillère de mots difficiles et une pincée de mots rares. Nous les servons avec soin et un maximum de plaisir pour vous permettre de résoudre les meilleurs jeux de mots mêlés qui soient et d'apprendre en vous amusant !

Votre avis est essentiel. Vous pouvez participer activement au succès de ce livre en nous laissant un commentaire. Nous aimerions vraiment savoir ce que vous avez préféré dans cette édition !

Voici un lien rapide qui vous mènera à la page d'évaluation de vos commandes :

BestBooksActivity.com/Avis50

Merci pour votre aide et amusez-vous bien !

De la part de toute l'équipe

1 - Adjectifs #2

ט	ל	נ	ה	ן	ר	ם	פ	ם	ש	פ	נ	ט	א
ש	נ	פ	ר	ת	ת	ג	ר	צ	פ	א	ד	ף	ל
מ	ג	ג	ר	נ	ח	ח	ו	ל	מ	ת	ר	ט	ג
ן	ל	ט	כ	ה	נ	נ	ד	כ	ח	ה	מ	מ	נ
י	א	ר	ח	א	ש	ת	ו	ף	ל	מ	ה	ר	ט
י	צ	ט	א	ג	ט	ט	ק	נ	ג	ש	נ	מ	י
נ	א	י	ר	ב	ה	י	ט	נ	ת	ו	א	פ	א
ע	ג	ת	ר	ו	ה	ט	י	א	ק	ב	צ	ד	ר
מ	י	ב	י	ת	ף	א	ב	א	כ	ז	מ	ר	פ
ע	ש	ס	ם	א	י	ם	י	ע	ב	ט	ח	מ	ה
צ	נ	ם	ס	ר	ו	פ	מ	י	נ	ב	ו	ט	צ
מ	ו	מ	ע	ב	ס	ר	ס	ב	ן	ד	נ	י	ח
פ	נ	ס	כ	ב	פ	ע	י	ש	ע	ש	ן	ל	ד
ט	י	נ	ט	נ	פ	ח	ט	ב	נ	ס	ט	ל	ש

אותנטי
מפורסם
יצירתי
תיאורי
מחונן
דרמטי
אלגנטי
גאה
חזק
מעניין

טבעי
חדש
פרודוקטיבי
טהור
אחראי
בריא
מלוח
פראי
יבש
ישנוני

2 - Formes

ב	כ	ת	ד	ג	ה	ף	ת	ם	כ	ש	ם	ה	ס
ב	ס	ת	ב	כ	ג	א	צ	ס	ג	ג	צ	ם	ג
ה	ת	מ	ח	ר	ם	ג	ת	מ	ל	ע	פ	מ	ל
ק	ו	ב	י	י	ה	ו	ל	ב	ר	פ	י	ה	ג
ה	ו	ק	מ	פ	ט	א	מ	ע	ג	ל	פ	ג	ל
ג	צ	א	ל	י	ב	ו	ג	ר	ן	ש	ר	ל	מ
ט	ק	ף	ב	נ	א	נ	ר	צ	ג	ב	י	י	ש
פ	א	ש	ן	ה	ע	ע	כ	ח	ת	ס	ז	ל	ו
ם	י	ח	ת	ף	א	ל	י	פ	ס	ה	מ	ט	ל
ד	ר	ר	צ	נ	כ	ו	כ	ת	ר	ט	ה	ל	ש
ן	ע	ס	מ	ת	ר	צ	צ	ע	ק	ו	מ	ה	ף
ף	ב	ל	ע	י	ח	מ	ד	מ	ת	ל	צ	פ	נ
ן	ע	ב	ת	כ	ד	ט	א	ד	ב	ד	כ	ע	מ
ה	א	מ	ג	ד	ט	ה	א	ן	ע	ע	ת	ב	ש

קשת
קצוות
כיכר
מעגל
פינה
עקומה
חרוט
צד
קובייה
גליל

אליפסה
היפרבולה
קו
סגלגל
מצולע
פריזמה
פירמידה
מלבן
משולש

3 - Force et Gravité

ר	ם	ע	ס	א	ד	ב	ף	ה	ט	מ	ר	ל	ש
ד	ג	א	מ	ס	נ	ט	ד	ב	מ	ת	ח	ת	פ
מ	ם	ש	ה	צ	ל	ז	מ	ה	י	ר	ו	ת	א
צ	י	ר	כ	ט	ץ	מ	כ	נ	י	ק	ה	פ	ו
ח	ס	ד	ה	ר	ח	ב	ה	ר	ע	ח	ע	י	נ
י	כ	י	ע	מ	ל	ו	ל	ס	מ	ר	ב	ז	י
כ	נ	נ	ו	צ	ג	מ	ז	צ	ס	מ	כ	י	ב
ו	ס	מ	נ	ם	ג	נ	צ	מ	א	ד	ו	ק	ר
ך	ם	י	ת	ם	ד	ש	ט	ג	ן	ס	כ	ה	ס
ג	י	ל	ו	י	ש	צ	ן	י	צ	ם	ב	ע	ל
ט	ר	ב	ט	ט	ה	ר	נ	ח	ו	ט	י	פ	י
מ	ש	ק	ל	כ	נ	כ	ר	ם	ה	ת	ל	ש	ב
ח	מ	ס	ג	מ	ח	ר	כ	ע	ט	כ	כ	ה	מ
ס	ב	ג	מ	נ	פ	צ	ב	ע	ל	ג	ת	ף	ש

תנועה
מסלול
פיזיקה
כוכבי לכת
משקל
לחץ
נכסים
זמן
אוניברסלי
מהירות

ציר
מרכז
גילוי
מרחק
דינמי
הרחבה
חיכוך
השפעה
מגנטיות
מכניקה

4 - Adjectifs #1

ב	ע	פ	ש	ב	א	מ	ל	נ	ד	ב	א	מ	ח
ג	נ	ם	צ	א	ת	ר	י	ע	צ	נ	י	ו	ש
א	ר	ל	י	ע	פ	ר	ו	ר	ה	ד	ט	ד	ו
מ	א	ש	ד	א	ע	ת	ן	מ	ג	י	י	ר	ב
נ	צ	ו	נ	מ	ש	ף	נ	ל	ט	ב	א	נ	כ
ס	כ	מ	ע	נ	ן	ב	ן	י	צ	י	ט	י	ס
ז	ט	ל	ח	ו	מ	כ	ס	נ	ת	ם	ר	ס	כ
ן	ה	נ	כ	ת	א	ק	ז	ו	ט	י	ק	כ	ם
כ	מ	ה	א	י	ע	נ	ק	ח	כ	מ	ט	נ	ר
ר	א	ר	ם	ם	ר	ס	ח	ש	ר	ת	י	ה	צ
ט	ה	ג	ל	ן	א	ח	כ	ד	ז	ם	ב	ד	ג
י	פ	ה	ת	מ	ב	ש	ף	ר	ה	ד	י	ע	ן
ם	צ	ר	ת	ם	ב	נ	ש	פ	ל	ד	ח	מ	ח
פ	ן	ג	ף	ה	ד	ף	ע	ש	ב	ל	צ	ט	ע

מוחלט
פעיל
שאפתנית
ארומטי
אמנותי
אטרקטיבי
יפה
אקזוטי
ענק
נדיב

כנה
זהה
חשוב
תמים
צעיר
איטי
כבד
רזה
מודרני
מושלם

5 - Instruments de Musique

ף	ה	ב	מ	י	ר	מ	ג	ג	ק	פ	כ	ת	ם
מ	ח	ד	ק	ל	ט	ש	י	ו	ל	ר	כ	ו	ח
ף	ן	ב	ל	צ	כ	ת	ט	נ	ר	צ	ה	ף	ט
ת	ו	ף	ו	ת	מ	ת	ר	ג	י	ס	ד	מ	ג
ש	ס	ב	ת	ל	ו	ס	ה	נ	נ	ם	ר	ר	נ
ר	ב	ג	ת	ה	ג	פ	ם	ג	ט	ב	ב	י	ס
ת	ן	ר	י	ב	נ	ב	ל	א	ב	ו	ב	ם	ח
מ	ו	א	פ	ף	ב	י	ר	כ	ד	ל	כ	ג	ה
ט	פ	ט	ו	ג	ט	ם	ל	ר	ב	מ	י	פ	ח
ן	ו	ו	ף	ח	ל	י	ל	ו	ל	צ	נ	ס	נ
ן	ס	ד	ח	כ	כ	כ	כ	כ	ד	ס	ו	נ	צ
ג	ק	פ	ט	י	ף	ס	צ	ח	ש	נ	ר	ת	ל
ח	ס	ר	ל	ר	ת	ב	א	ש	ף	מ	מ	ר	ו
ט	ר	ו	מ	ב	ו	ן	ח	צ	ו	צ	ר	ה	פ

בנג'ו
בסון
קלרינט
חליל
גונג
גיטרה
מפוחית
נבל
אבוב
מנדולינה

מרימבה
פסנתר
מקלות תיפוף
סקסופון
תוף
תוף מרים
טרומבון
חצוצרה
כינור
צ'לו

6 - Échecs

ח	ה	נ	כ	ף	ם	ף	ה	כ	ל	מ	נ	ט	מ
ט	ה	מ	ע	ס	ל	צ	ק	ל	ע	ע	ק	ו	ש
ך	ל	ב	ן	ב	ת	ו	ר	ח	ת	ס	ו	ר	ח
ל	מ	צ	ה	ה	ף	ב	ב	ן	ז	נ	ד	נ	ק
מ	ל	ף	ל	ד	ב	ג	ה	ס	מ	ן	ו	י	ט
נ	ר	מ	ש	פ	ב	צ	כ	ף	ן	ה	ת	ר	ן
א	ס	ף	ו	ל	א	א	נ	ב	ו	ן	כ	ס	ח
ם	ת	ט	נ	ד	נ	ס	ף	נ	ס	ד	נ	א	ף
ם	צ	ג	נ	י	ן	ט	פ	ה	כ	פ	צ	ם	א
ס	ב	ר	ר	ב	ר	ר	ה	פ	ל	מ	כ	ע	א
ש	ג	נ	ו	י	ח	ט	ם	ג	א	ש	ל	ל	א
ב	ח	נ	ח	ס	ם	ג	ע	ע	ט	א	ל	צ	ט
ל	ל	ק	ש	פ	פ	י	י	ר	י	ב	י	צ	ס
ס	ס	ט	ן	א	ט	ה	ט	ה	ב	צ	ם	ב	ע

יריב
ללמוד
לבן
אלוף
תחרות
אתגרים
אלכסון
משחק
שחקן
שחור

פסיבי
נקודות
מלכה
כללים
מלך
הקרבה
אסטרטגיה
זמן
טורניר

7 - Herboristerie

ב	ג	א	פ	א	ם	ט	כ	נ	ב	ת	ל	ג	צ
ל	ם	ת	ג	ס	נ	ע	י	ט	ב	ת	ד	פ	ל
ה	ט	ן	פ	ק	ס	נ	צ	מ	ש	ח	ם	צ	כ
ב	צ	מ	פ	ו	ע	ל	ם	ן	י	ה	ש	נ	פ
ח	מ	ן	י	ר	מ	ז	ו	ר	ש	ן	ע	ף	ר
ג	ן	ר	ח	י	צ	ס	ש	פ	מ	נ	ט	ה	ח
ם	ת	ו	כ	י	א	ק	ש	ע	ת	ב	פ	ג	ג
ם	ד	י	ס	נ	ר	ו	צ	ז	א	מ	מ	א	פ
ל	ג	מ	ט	ב	ו	ל	א	צ	ן	ו	ג	ר	ט
ט	ב	י	כ	ר	מ	י	צ	פ	ת	ע	ה	צ	ן
ד	ל	נ	ם	ע	ט	נ	ב	ס	א	י	ב	ס	ע
ד	ב	כ	ד	ש	י	ר	מ	ו	ש	ל	ד	ד	א
ת	ס	ד	ת	ר	ע	י	ת	מ	נ	ג	פ	ר	ע
פ	ט	ר	ו	ז	י	ל	י	ה	ב	ט	ל	ן	ח

שום
ארומטי
ריחן
מועיל
קולינרי
טרגון
שומר
פרח
מרכיב
גן

לבנדר
מיורן
מנטה
פטרוזיליה
איכות
רוזמרין
זעפרן
טעם
טימין
ירוק

8 - Véhicules

ס	ש	ל	ב	ף	ה	ק	א	ב	ר	א	ד	צ	ק
ש	י	מ	נ	ו	ע	ר	ו	א	כ	מ	מ	מ	ט
ד	ע	ר	ל	ב	ה	ו	פ	ף	ב	ב	ש	י	נ
ף	ר	ף	ה	ה	פ	ו	נ	נ	ת	ו	א	ג	ו
ר	פ	ס	ו	ד	ה	א	י	ם	ת	ל	י	י	ע
א	ג	ן	ע	מ	ר	ן	י	ש	ח	נ	ת	ם	א
נ	ס	ל	א	ל	ס	ק	ם	מ	ת	ס	י	ס	ו
ט	ר	ק	ט	ו	ר	ו	ט	ס	י	ו	נ	ג	ט
ה	פ	ל	ס	ט	פ	נ	ק	ה	ת	ט	ו	ט	ו
ט	ר	ם	פ	ן	נ	ח	כ	כ	ת	מ	מ	ר	ב
ה	ס	ע	ו	ת	ס	ב	ח	ח	ל	מ	ר	ב	ו
ג	ן	ר	ע	ב	ב	פ	ד	ח	ל	ש	ג	צ	ס
ב	ת	י	נ	ו	כ	מ	ע	ב	ו	ר	ת	נ	מ
ה	ם	כ	ה	ר	ד	כ	ש	א	צ	ף	ש	ס	פ

אמבולנס
מטוס
סירה
אוטובוס
משאית
קרוואן
מעבורת
רקטה
מסוק
רכבת תחתית

מנוע
הסעות
צמיגים
רפסודה
קטנוע
צוללת
מונית
טרקטור
אופניים
מכונית

9 - Camping

ך	כ	ל	ף	ע	י	כ	ע	ה	צ	א	ה	ד	ס
ט	ד	ו	י	צ	ר	ע	י	מ	ד	ו	ר	ן	ר
א	י	נ	ב	מ	ח	ל	ח	צ	ת	ה	פ	פ	ר
מ	צ	א	ת	ע	כ	ס	נ	פ	ס	ל	ת	ס	צ
פ	פ	ק	ר	ב	כ	ר	ש	ן	ת	ע	ק	ר	פ
ס	ם	ה	ט	ט	ט	ע	א	ח	ב	ל	ה	ג	ד
ע	א	ה	ט	ג	ג	נ	פ	ח	י	ו	ת	ם	ס
א	ח	ת	ן	ש	ש	ל	מ	ל	פ	ל	ד	צ	ם
א	ד	ן	ם	ע	ש	ח	ן	ג	ש	ף	ב	ע	ל
ח	ר	ק	ד	ד	ט	ג	צ	ן	ם	א	ת	ג	ג
ע	ח	ה	ד	ג	נ	א	ד	ש	ן	ג	ט	ם	ש
ש	ף	ע	מ	ם	ג	ד	ט	ח	ד	פ	ח	ג	ש
נ	ט	ן	ע	ף	ף	ר	ה	ר	ף	ף	ל	א	ש
ה	פ	ת	ה	ג	ר	ט	ט	ב	ת	ר	ן	כ	ף

אש
יער
ערסל
חרק
אגם
פנס
ירח
הר
טבע
אוהל
חיות
הרפתקה
מצפן
תא
קאנו
מפה
כובע
ציד
חבל
ציוד

10 - Géométrie

פ	ר	כ	א	ר	ג	ד	ד	ח	ט	ל	ב	ד	כ
ה	ד	ר	ח	ב	ח	ל	א	צ	צ	ף	ט	מ	ן
ט	ר	ד	כ	ה	ה	י	ר	ט	מ	י	ס	נ	ם
ח	י	ש	ו	ב	ס	ה	פ	ה	ן	ע	ו	ב	ח
מ	ש	ם	נ	ס	א	נ	ש	א	ח	ם	ג	ן	ז
ף	א	ע	ל	א	ת	י	א	ו	ר	י	ה	ל	ו
ב	מ	ה	ן	מ	ש	ר	ט	ו	ק	כ	מ	מ	ו
ג	ו	ב	ה	א	נ	כ	י	ש	פ	ג	ו	ן	י
ם	ס	ח	פ	מ	מ	ד	כ	מ	מ	ש	ק	ח	ת
מ	ן	ל	ו	ג	י	ק	ה	נ	ס	ה	ע	ט	כ
ש	ט	י	ש	ע	ר	ב	ת	ל	פ	ח	ד	ש	ע
ו	פ	ב	ג	ת	מ	ב	מ	ח	ר	פ	ם	מ	ע
ל	ן	ק	ר	ח	מ	ס	ה	ף	ת	ט	ה	ב	ח
ש	ת	מ	ר	ן	פ	ר	ו	פ	ו	ר	צ	י	ה

זווית
חישוב
מעגל
עקומה
קוטר
ממד
משוואה
גובה
לוגיקה
מסה

חציון
מספר
מקביל
פרופורציה
קטע
משטח
סימטריה
תיאוריה
משולש
אנכי

11 - Les Médias

ב	ר	ם	מ	ב	ד	ל	ת	ה	ע	ס	צ	ל	ס
ח	מ	ק	ו	ו	ן	י	ר	ח	ס	מ	נ	ן	מ
ם	י	נ	י	ז	ג	מ	ג	א	ן	ס	ס	ר	ף
מ	ר	נ	נ	ה	ג	פ	ח	י	ח	ח	ד	ע	ה
ק	ר	ן	ו	מ	י	מ	ג	ח	ט	ב	מ	מ	מ
ו	ר	ל	א	ך	ל	ד	ש	נ	כ	ל	ש	ה	כ
מ	ר	נ	ת	ק	ש	ו	ר	ת	ל	מ	י	ד	כ
י	ת	ע	ש	י	י	ה	ב	ר	נ	ת	א	ו	ד
ת	ף	ע	ו	ב	ד	ו	ת	ד	א	צ	ח	ר	ל
ש	מ	ר	ד	ט	א	ד	ד	י	א	ף	ע	ה	כ
ר	ס	ו	ר	ג	ן	ר	ן	ו	ם	ס	ח	ב	ף
ט	כ	ב	נ	ע	מ	ד	ו	ת	ה	ל	ה	פ	א
כ	ם	י	נ	ו	ת	י	ע	ח	מ	ב	ג	צ	פ
ף	צ	צ	צ	ף	ת	ט	ל	ו	ו	י	ז	י	ה

עמדות
מסחרי
תקשורת
מקוון
מהדורה
חינוך
עובדות
מימון
תעשייה
עיתונים

מקומי
מגזינים
דיגיטלי
דעה
תמונות
ציבור
רדיו
רשת
טלוויזיה

12 - Philanthropie

ת	ן	ם	ח	כ	ך	כ	ס	פ	י	ם	ת	ט	ם
ף	ק	נ	ו	ע	ר	כ	ע	ל	ג	ט	ם	ר	ר
ש	ה	ן	ן	ת	ו	י	נ	כ	ו	ת	ת	ה	נ
ג	י	ק	פ	נ	צ	ט	ק	ל	ב	ן	ח	ם	א
ח	ל	ן	ד	צ	ן	ל	ב	א	נ	ש	י	ם	ם
ט	ה	כ	ל	צ	ו	ד	ו	ה	ט	צ	ט	כ	מ
ן	כ	ח	א	ע	מ	ט	צ	י	י	י	ן	מ	ש
א	א	ת	ג	ר	י	ם	ו	ס	ו	ב	כ	ף	י
נ	ן	א	ו	ה	מ	ח	ת	ט	ש	ו	נ	ה	מ
ש	ח	ן	נ	ב	ס	ר	ם	ו	ר	ר	ח	פ	ה
י	צ	י	ל	ד	י	ם	מ	ר	ם	צ	נ	ש	ש
ק	ח	א	צ	נ	ט	ד	ל	י	ח	צ	ב	ס	א
ש	ב	ם	פ	ה	ן	ע	נ	ה	כ	ע	כ	ט	ד
ר	ה	א	נ	ו	ש	ו	ת	מ	ט	ר	ו	ת	ב

נדיבות
קבוצות
היסטוריה
יושר
האנושות
נוער
משימה
תוכניות
ציבור

צורך
מטרות
צדקה
קהילה
אנשי קשר
אתגרים
ילדים
מימון
כספים
אנשים

13 - Diplomatie

ש	ה	ו	מ	נ	י	ט	ר	י	פ	ט	מ	מ	ח
י	ת	נ	כ	ע	מ	ם	ן	ט	ו	ג	ג	מ	ח
ת	נ	ה	מ	ח	ט	ן	ש	מ	ל	ח	ב	ש	ם
ו	ג	ג	ל	ב	ע	ח	ם	ו	י	ג	ת	ל	ף
ף	ש	ם	ג	ח	ג	כ	ה	ל	ט	ץ	א	ה	ש
פ	ו	ל	ה	ט	ם	מ	ה	פ	י	ע	כ	ג	ף
ע	ת	כ	ת	ל	ס	ם	צ	י	ק	ו	ר	ם	א
ו	ב	י	ט	ח	ו	ן	מ	ד	ה	י	ד	ז	ש
ל	ה	י	צ	ו	ל	ו	ז	ר	ר	פ	ר	ח	צ
ה	ק	ס	ד	ט	י	י	נ	ו	ח	ח	ף	ד	כ
ל	י	ב	ג	ג	ו	ד	ת	ר	י	ט	ק	ע	ש
י	ת	ם	ף	מ	ש	נ	ט	ם	ר	י	ר	ג	ש
ה	א	ת	פ	ת	ר	ו	ן	ה	נ	מ	א	ר	ז
ק	ל	ב	ט	ף	ה	ת	פ	פ	ה	ט	פ	מ	ט

שגרירות
שגריר
אזרחים
קהילה
התנגשות
יועץ
שיתוף פעולה
דיפלומטי
דיון
אתיקה

זר
ממשלה
הומניטרי
יושרה
צדק
פוליטיקה
רזולוציה
ביטחון
פתרון
אמנה

14 - Électricité

ט	ד	ה	ם	ף	ן	ו	ס	ח	א	ם	ד	פ	ח
ל	ב	ש	ג	ל	מ	צ	ת	ו	מ	כ	ר	ס	ע
ו	מ	צ	ם	ה	מ	ס	ג	ט	נ	ג	מ	מ	ע
ו	כ	ר	ר	ס	נ	א	ס	י	ב	ו	י	ח	ן
י	נ	ב	ד	ת	ר	ב	ל	ם	ח	ש	מ	ל	י
ז	ד	ט	ח	ו	ל	ע	ע	ם	כ	א	ט	ה	ע
י	כ	פ	ד	ם	י	ט	ק	י	י	ב	ו	א	מ
ה	ן	ג	ד	ה	י	צ	ש	ט	א	כ	ב	ל	ח
ש	פ	ח	ג	פ	ז	ג	צ	ה	ל	ל	ו	ס	נ
כ	ל	ד	ה	ם	ר	ן	ג	ם	מ	ל	ש	ש	ט
ח	ל	י	ם	ש	ן	ף	נ	ה	ש	נ	נ	ב	ח
ן	ו	פ	ל	ט	ף	ף	ה	ט	ח	ש	ו	ג	ע
ס	ח	כ	ש	י	ן	צ	ר	ש	ת	מ	ף	ר	מ
ף	מ	ה	ן	ן	צ	ל	ל	ם	ן	ט	ע	פ	ה

מגנט
סוללה
כבל
חשמלאי
חשמלי
ציוד
חוטים
מחולל
מנורה
לייזר

שלילי
אובייקטים
חיובי
שקע
כמות
רשת
אחסון
טלפון
טלוויזיה

15 - Astronomie

י	ג	ק	ר	ן	ש	כ	ב	א	ל	צ	ד	נ	ק
ק	ל	ר	ק	ט	ה	ן	ע	ו	י	ה	ם	ב	ש
ו	ק	י	י	מ	ט	א	ו	ר	מ	פ	ו	ק	ו
ם	ס	נ	ע	צ	ן	י	ח	מ	א	צ	ג	ו	ו
ט	י	ה	צ	ח	י	ע	ב	ל	ת	מ	נ	ס	י
א	ה	ב	א	ן	ה	ל	ח	כ	ף	ה	ר	מ	ו
ס	כ	ו	א	ס	ט	ר	ו	א	י	ד	ס	ו	ן
ט	ו	נ	ס	מ	ד	כ	ה	ש	ג	ס	ה	ס	מ
ר	כ	ר	ע	ב	ב	ה	מ	ח	י	ו	ק	י	ל
ו	ב	פ	ס	י	ט	ץ	ר	א	ה	ר	ו	ד	כ
נ	ל	ו	ם	ה	ס	ט	ת	י	ל	י	פ	ר	ע
ו	כ	ס	ף	ט	ו	א	נ	ו	ר	ט	ס	א	ב
ם	ת	ס	ף	ע	פ	ם	ח	ל	ן	כ	ט	ר	ח
ף	נ	פ	נ	ג	ח	ת	ה	ט	ד	מ	מ	ג	א

ירח
מטאור
ערפילית
המצפה
כוכב לכת
קרינה
לוויין
סופרנובה
כדור הארץ
יקום

אסטרואיד
אסטרונאוט
אסטרונום
רקיע
קבוצת כוכבים
קוסמוס
ליקוי חמה
שוויון
רקטה
גלקסיה

16 - Physique

מ	ה	י	ר	ו	ת	מ	ח	ן	ל	מ	מ	פ	נ
ו	ג	כ	פ	ם	ל	א	ע	צ	ס	כ	ף	פ	ו
ל	ף	מ	ס	ן	ס	ו	א	כ	נ	א	ט	ח	ס
ק	ח	ף	ג	ר	ע	י	נ	י	ט	כ	ן	ל	ח
ו	ת	ה	ב	ח	ר	ה	ק	ו	ב	ח	א	ק	ה
ל	ד	ת	א	ו	צ	ה	ם	מ	א	ר	ש	י	ן
ה	י	ו	ל	ר	ג	ן	צ	ף	ס	ן	ח	ק	ם
ח	ר	י	נ	ז	מ	ן	ע	ש	ה	ש	ל	ס	צ
ה	ו	ט	ן	ף	נ	ו	ט	ח	כ	ע	ף	ח	נ
פ	ת	נ	ס	פ	ו	ר	ה	ס	מ	ם	נ	ת	ע
צ	ו	ג	ה	ט	ע	ט	ר	ת	ו	פ	י	פ	צ
צ	ס	מ	פ	פ	ע	ק	ס	ח	ס	ס	צ	ל	ב
א	ח	כ	י	מ	י	ל	ס	ר	ב	י	נ	ו	א
ג	י	ר	ע	ף	ל	א	ל	ת	ח	נ	צ	ע	ב

מגנטיות
מסה
מכניקה
מולקולה
מנוע
גרעיני
חלקיק
יחסות
אוניברסלי
מהירות

תאוצה
אטום
כאוס
כימי
צפיפות
הרחבה
אלקטרון
נוסחה
תדירות
גז

17 - Types de Cheveux

ס	ס	פ	ד	כ	ר	ך	ו	ר	א	ל	ד	ר	ט
ש	מ	ת	א	ף	ס	ב	נ	ב	צ	מ	ט	א	ן
צ	ג	כ	ן	ם	צ	ף	ם	ד	ם	ע	ש	ב	מ
נ	ק	נ	ה	ח	ר	ו	פ	א	י	ר	ב	מ	ת
ק	י	ר	ח	ת	ע	ז	פ	א	ם	ה	ד	ש	ו
ש	ר	ע	כ	ם	ג	ג	ה	ב	ע	י	ב	ש	ל
ח	ב	א	מ	נ	ם	צ	פ	ש	כ	צ	ה	ם	ת
ו	מ	ח	נ	ב	ו	י	ל	ש	כ	ק	צ	ר	ל
ר	ן	ח	ס	נ	ח	ש	ל	ע	ם	א	ג	ת	ב
ף	ל	ח	ר	ף	נ	ה	ב	ת	ח	ה	ם	א	נ
ק	ל	ו	ע	צ	ל	ר	ן	ן	ל	ר	ר	מ	ן
נ	ג	צ	ב	ע	ו	נ	י	ף	ל	ת	ג	צ	צ
פ	ל	ם	ר	כ	צ	כ	ס	ח	ד	ן	ט	ר	ח
ף	י	נ	י	ד	נ	ו	ל	ב	ד	כ	מ	ט	ג

כסף
לבן
בלונדיני
תלתלים
מבריק
קירח
צבעוני
קצר
רך
עבה

מתולתל
אפור
ארוך
חום
רזה
שחור
גלי
בריא
יבש
קלוע

18 - Archéologie

ש	ף	ט	ב	ש	ה	ד	ת	ע	ן	פ	ל	צ	מ
א	נ	ת	ר	ט	ר	ק	ו	ח	ת	צ	א	י	ק
ע	ם	י	ט	ק	י	י	ב	ו	א	ת	י	ב	ד
ת	ר	ד	ם	ה	ת	ן	ד	י	ע	ע	ד	י	ש
מ	ת	ע	ש	ב	ר	י	ם	פ	ע	ל	ו	ל	ל
ה	ן	ר	ן	ת	ו	מ	צ	ע	פ	ו	ע	י	ש
ח	ע	ח	כ	ל	ס	ש	ק	ד	ה	מ	ל	ז	ת
מ	ט	ר	ה	ס	פ	ט	ב	נ	ת	ה	ב	צ	ו
ו	ט	ה	כ	ש	ו	ת	ר	י	ש	ס	ן	י	ק
מ	ג	ף	ע	ה	ר	פ	ן	ת	ח	א	ב	ה	י
ס	ה	א	ע	ג	פ	ר	נ	ו	א	צ	ו	ו	ת
ד	ן	ג	ע	מ	ד	ן	מ	ח	ט	א	א	פ	ע
ג	א	ף	ל	מ	ם	ד	ש	ט	ס	צ	מ	ם	ח
ד	א	ה	ף	ם	פ	ח	ם	ע	כ	כ	ם	ה	ע

ניתוח
שנים
עתיקות
חוקר
ציביליזציה
צאצא
מומחה
עידן
צוות
הערכה

מאובן
שברים
לא ידוע
תעלומה
אובייקטים
עצמות
פרופסור
שריד
מקדש
קבר

19 - Restaurant #1

ס	מ	כ	מ	ה	ן	ר	ם	ח	ל	א	ן	א	פ
ק	ע	ר	ה	ל	נ	ע	ן	ר	ה	ז	מ	נ	ה
ג	ב	צ	ם	ס	צ	ה	ן	י	כ	ר	ע	ד	ס
א	ל	ר	ג	י	ה	ר	ם	ף	ק	ם	כ	ע	ם
ה	מ	ע	ר	ב	ע	כ	י	ט	ו	ג	צ	ג	ל
ח	ב	מ	ו	פ	ו	ר	פ	ת	פ	ת	ב	ף	נ
מ	ע	ח	ט	צ	ף	פ	ף	מ	א	ד	ת	ב	ד
ע	ט	ח	ב	ב	ח	ן	ש	פ	י	פ	פ	ט	צ
ת	ד	ב	צ	ש	נ	ע	ד	י	ת	ח	ל	צ	ת
ע	ט	מ	ח	ו	נ	י	ק	ת	צ	כ	ן	ד	צ
ם	י	ב	י	כ	ר	מ	מ	ז	ו	ן	י	כ	ס
ק	ר	ח	ב	ש	ר	ן	ר	פ	ף	ב	ש	ר	נ
מ	פ	כ	ן	ג	א	ה	ג	פ	ר	ל	ט	ן	מ
פ	ת	ה	ש	ף	ה	ה	ל	ן	ם	ד	ס	ה	ט

אלרגיה
צלחת
קערה
קפה
קופאית
סכין
מטבח
קינוח
חריף
מרכיבים

תפריט
מזון
לחם
עוף
הזמנה
רוטב
מלצרית
מפית
בשר

20 - Mammifères

ס	ע	ס	ק	ד	נ	א	צ	ז	ף	ל	ה	פ	צ
כ	ת	א	ו	ר	ו	ג	נ	ק	א	ל	ת	ב	ב
ד	ר	צ	ף	מ	ט	פ	ש	ה	ד	ב	א	ף	צ
ו	ש	נ	א	נ	פ	ס	א	ע	ה	ל	ס	ל	צ
ל	ו	ת	ח	ל	י	מ	ס	ס	ת	כ	ר	ו	ה
פ	ע	ף	צ	פ	ל	ר	ג	ת	ה	י	ר	א	ס
י	ל	ה	ל	ל	א	ב	ת	ו	פ	ם	ע	ע	נ
ן	ז	ב	ר	ה	ת	ם	ף	ב	ר	צ	ל	ס	ף
ת	א	ר	נ	ב	ל	ה	א	ר	י	י	ן	ג	כ
י	ג	ע	ם	פ	א	ם	א	ע	ג	ש	ל	ש	ב
ו	ש	ד	ע	ש	ן	ל	ף	ב	ו	ד	ב	ה	ש
ו	נ	ר	ג	ע	ד	ף	ד	א	ס	ע	פ	כ	י
ל	ה	ס	א	ש	ש	ע	ט	ז	ש	ו	ר	ע	ם
ן	ס	ן	פ	ח	א	ח	ד	ת	ב	מ	ר	ן	פ

ארנב
אריה
זאב
כבשים
דוב
שועל
קוף
שור
נמר
זברה

לוויתן
חתול
סוס
כלב
זאב ערבות
דולפין
פיל
ג'ירפה
גורילה
קנגורו

21 - Chocolat

כ	ג	ת	כ	פ	ב	מ	ת	ו	ק	ם	ש	א	ן
א	נ	פ	ד	ג	ח	ת	ף	ת	ל	ג	ס	ר	ו
ב	א	נ	ו	ג	ד	ח	מ	צ	ו	ן	ר	ם	כ
ק	ה	ד	נ	ט	נ	ס	ו	כ	ר	א	כ	ש	ת
ה	ו	ם	י	ע	ט	ש	נ	ב	י	ח	ף	א	מ
א	ב	ע	ה	ש	ת	ו	ק	ק	ו	ת	ק	ר	א
י	ב	ט	ש	ן	ו	א	ק	ק	ת	ז	י	ע	ד
כ	ו	מ	ר	כ	ל	נ	ד	מ	ו	ר	ת	ם	כ
ו	ט	מ	פ	ל	ת	פ	ר	ט	ש	ש	ה	פ	ל
ת	נ	ד	ן	ס	ם	כ	י	ט	ל	מ	ר	ק	א
ד	י	ד	כ	ף	י	ד	ד	ח	כ	ש	פ	ף	ם
ת	ם	ש	ס	ב	ף	ה	ס	ו	ק	ו	ק	ר	ט
ה	צ	ט	ט	ג	ס	ד	ר	ה	נ	ג	ע	ש	ד
ח	צ	א	כ	ם	ט	ב	ת	ד	ק	ת	מ	מ	פ

אקזוטי
אהוב
טעם
מרכיב
קוקוס
אבקה
איכות
מתכון
סוכר

מריר
נוגד חמצון
ממתק
בוטנים
קקאו
קלוריות
קרמל
טעים
מתוק
השתוקקות

22 - Mathématiques

מ	ט	מ	ד	א	נ	מ	ס	ק	כ	ר	ל	ה	מ
ג	ש	מ	ס	ט	ס	ל	ע	ל	ו	צ	מ	י	ת
ג	א	ו	ף	פ	ה	ב	ס	ה	ן	ט	ע	ק	ר
ח	צ	ע	ו	ע	ר	ן	ס	כ	ו	ם	ר	ף	ס
ר	ח	ח	ם	א	ם	י	ת	ט	פ	ל	כ	ש	נ
ע	ט	ן	ג	ר	ה	ד	ם	ם	ה	ם	י	ב	ג
ז	מ	ע	ל	ו	ת	ש	א	ב	נ	ס	כ	א	ם
ו	ת	ט	ע	ש	ר	ו	נ	י	א	י	צ	ה	א
ו	ט	ד	ש	ח	ר	כ	ל	ן	ה	מ	ג	ר	ה
י	ת	צ	ל	י	ב	ק	מ	ח	ף	ט	נ	ן	ף
ו	ל	ן	ו	ב	ש	ח	ת	ח	ה	ר	פ	ב	פ
ת	פ	ת	ש	מ	ע	ר	י	ך	ט	י	ח	א	ן
ע	צ	ג	מ	ק	ב	י	ל	י	ת	ה	ת	ה	ח
ג	ג	א	ו	מ	ט	ר	י	ה	ף	ט	ן	פ	ש

זוויות
חשבון
כיכר
מעלות
עשרוני
קוטר
מעריך
משוואה
שבר
גאומטריה

מספרים
מקביל
מקבילית
היקף
מצולע
מלבן
סכום
סימטריה
משולש
נפח

23 - Sport

ר	ט	ח	ב	ן	פ	ד	ס	ת	ה	פ	ט	ת	ה
י	כ	ו	ל	ת	ל	מ	ת	ו	ז	ה	ן	נ	ח
א	ט	כ	ח	ל	פ	ב	ג	א	ל	ו	כ	ל	ח
ט	מ	ט	ב	ו	ל	י	מ	י	ב	ג	נ	ש	ן
ר	ף	פ	ג	נ	ר	ר	א	ר	ו	ו	ג	ה	ת
ו	ל	ן	ג	א	ט	ם	מ	ב	כ	ף	א	צ	ל
פ	ר	ב	ת	ע	ן	ס	ן	ף	ל	ע	ן	י	ש
ס	ס	ס	פ	נ	צ	ק	ן	ם	י	ר	י	ר	ש
פ	ה	י	כ	ה	מ	מ	ת	ט	ד	ו	ק	י	ר
נ	צ	ב	ת	ל	ס	ל	ו	ד	ם	ס	צ	ל	ד
ל	ב	ו	כ	מ	ת	ג	ח	ת	י	נ	כ	ת	ש
ט	ף	ל	ש	ט	ף	ס	ש	ח	ם	א	נ	ה	א
נ	ל	ת	ש	ר	ג	ט	ל	ח	ג	ע	ט	ם	כ
ח	ף	מ	פ	ה	ס	פ	ו	ר	ט	ג	ב	ה	ס

ספורטאי
יכולת
לב וכלי דם
גוף
ריקוד
דיאטה
סיבולת
מאמן
כוח
ריצה

למקסם
מטבולי
שרירים
לשחות
תזונה
מטרה
עצמות
תכנית
בריאות
ספורט

24 - Mythologie

ב	ף	נ	ח	ס	א	ר	צ	ב	צ	ר	כ	י	ס
ר	ד	ג	ב	ב	ס	ן	כ	ס	ד	מ	פ	צ	ד
ק	א	ב	ט	י	פ	ו	ס	ד	ב	פ	ג	ו	ט
ב	ס	ם	ל	ו	ח	ם	נ	ך	ן	פ	ב	ר	ג
ע	ע	ה	ג	מ	ת	ר	ב	ו	ת	ג	ש	ה	מ
מ	ג	ם	א	ס	ו	ן	ג	ב	מ	ח	ח	ל	ם
פ	א	ד	ב	ב	נ	ש	ת	מ	ו	ס	ב	ר	ח
ל	ג	ד	י	ע	ו	נ	ב	כ	ת	ה	א	נ	ק
צ	ד	ג	ב	צ	מ	צ	ש	ל	ה	ר	ש	ר	ס
ת	ה	ח	ס	נ	א	צ	כ	מ	ד	י	כ	ש	נ
ם	ו	ס	ק	ב	ר	ח	ק	ש	נ	צ	ר	ם	..
ע	ר	פ	ג	ט	פ	נ	א	ש	ן	י	ף	ן	צ
ר	ה	ס	ע	ר	ס	כ	פ	כ	כ	ג	ת	ד	_
צ	ב	פ	ר	ת	ו	ג	ה	נ	ת	ה	ר	ה	ח

אבטיפוס
אסון
התנהגות
יצירה
יצור
אמונות
תרבות
ברק
כוח
לוחם

גיבור
נֶצַח
קנאה
מבוך
אגדה
קסום
מפלצת
בן תמותה
רעם
נקמה

25 - Restaurant #2

ט	ם	פ	א	צ	ח	ר	ת	ט	ה	ס	ס	מ	א
ע	ה	ש	ר	פ	י	ר	ו	ת	ט	ג	ש	ת	ר
י	פ	ם	ו	ת	ם	ב	ק	ע	ו	ג	ה	א	ו
ם	ט	ש	ח	ב	ב	ט	ר	מ	ז	ל	ג	ב	ח
ת	ף	ג	ת	ה	י	ל	י	מ	מ	ד	ד	ן	ת
ש	ד	כ	ע	נ	ט	צ	י	נ	ת	פ	ע	ט	צ
ח	ת	נ	ר	ה	ן	מ	י	נ	ו	ב	מ	פ	ה
מ	ל	ח	ב	ן	כ	א	ן	ם	י	מ	ל	כ	ר
ם	ד	צ	כ	פ	ג	ן	ף	ן	ר	ם	צ	ה	י
ל	ש	ס	נ	א	ס	י	כ	ר	ט	ב	ר	ג	י
פ	ע	ד	ב	ב	ל	ע	ן	כ	א	מ	פ	ב	ם
ע	מ	ר	ק	ג	ט	ם	ן	ן	ט	ל	צ	ב	ה
נ	נ	ם	ר	ע	מ	ע	ח	כ	א	ס	ף	ם	ן
א	ס	צ	ש	ח	צ	ר	ג	ף	ה	ח	א	ן	ר

עוגה
קרח
ירקות
אטריות
ביצים
דג
סלט
מלח
מלצר
מרק

מתאבן
כיסא
כף
ארוחת צהריים
טעים
ארוחת ערב
מים
תבלינים
מזלג
פירות

26 - Beauté

כ	ן	ש	מ	ט	ג	כ	ת	נ	ק	ר	נ	פ	ע
כ	ח	מ	ף	ל	כ	ג	ף	כ	ל	ס	ם	ס	ם
כ	ם	נ	ג	כ	ח	ן	ר	פ	ח	ח	ם	ת	ג
ה	ק	י	ט	מ	ס	ו	ק	ת	ע	ן	צ	ן	ש
א	ב	ם	ד	ג	ב	ת	פ	ו	ט	ו	ג	נ	י
ר	ל	י	ת	ט	מ	פ	ח	ת	ן	כ	צ	ש	ש
מ	ד	ר	ג	ד	ס	ש	ה	ו	ר	ש	א	י	ע
ע	ב	צ	ו	ם	ק	ל	ף	י	ח	א	ל	ר	מ
פ	צ	ו	ד	ע	ר	ס	ר	ט	ש	י	ג	ו	ס
ס	ע	מ	ט	ר	ה	ד	מ	נ	נ	פ	נ	ת	פ
ש	מ	פ	ו	ט	ן	ע	ף	ג	ה	ו	ט	י	ר
ף	ד	ר	ב	ם	י	ל	ת	ל	ת	ר	י	ם	י
ש	פ	ט	ט	כ	ר	ש	ס	א	ט	א	ם	ל	י
ח	ח	ב	ף	ה	ש	ד	ג	פ	ר	ב	ח	ר	ם

מסקרה
מראה
ניחוח
עור
פוטוגני
מוצרים
שפתון
שירותים
שמפו
מעצב

תלתלים
קסם
מספריים
קוסמטיקה
צבע
אלגנטיות
אלגנטי
שמנים
חלק
איפור

27 - Avions

ן	א	ף	ג	ב	ף	ה	ן	נ	ת	מ	ט	י	ס
ל	ל	ם	ת	ף	ת	ה	ת	י	ח	נ	י	ר	כ
א	נ	י	פ	ל	ס	ל	ר	ס	מ	ט	י	י	י
ו	ש	פ	ש	ר	פ	ה	י	י	נ	ב	ס	ד	ו
ו	ב	ח	ח	ד	צ	ד	ח	ת	ו	ו	צ	ה	ו
י	ס	ד	ב	נ	ן	פ	ם	ד	ע	ו	פ	ג	ן
ר	ע	מ	נ	ד	ב	ם	ס	ע	י	ה	א	פ	ט
פ	ר	ע	ע	ס	ק	ת	ג	מ	ק	נ	ו	ס	ע
ב	ה	צ	ר	ב	ל	ו	ן	ב	ר	ב	ע	צ	ב
ם	ד	נ	ח	ר	ד	ל	נ	ש	מ	ף	צ	ש	ד
ב	ל	ם	ד	ה	ר	פ	ת	ק	ה	י	ב	ף	ל
ג	ו	ב	ה	י	ר	ו	ט	ס	י	ה	מ	ד	ן
כ	ן	ט	ב	ד	ל	צ	מ	ע	ה	ת	ם	ן	פ
ף	ג	ט	ט	ח	ם	ט	כ	ע	ע	ד	ן	נ	צ

אוויר
אווירה
נחיתה
הרפתקה
בלון
דלק
רקיע
בנייה
ירידה
כיוון

צוות
לנפח
גובה
מדחפים
היסטוריה
מימן
מנוע
נוסע
טייס
סערה

28 - Aventure

נ	ר	ש	ף	ס	פ	ת	י	ס	ס	ה	ח	מ	ש
י	ו	כ	י	ס	פ	ן	ו	ה	כ	נ	ה	ד	ח
ו	ה	ט	א	ר	ל	ת	צ	מ	א	ב	ם	ע	ש
ו	פ	ה	ו	ת	ר	כ	א	ח	כ	פ	ת	י	פ
ט	ת	ם	מ	א	ה	ח	ד	ט	ע	א	ש	מ	צ
ל	פ	צ	ץ	כ	ל	ב	ו	ם	י	ר	ג	ת	א
ן	ן	ג	א	ה	ד	ט	פ	ל	ת	ו	ם	ו	ג
ה	ז	ד	מ	נ	ו	ת	ן	ב	פ	א	ל	ל	ש
ה	ר	ח	ס	ן	פ	ע	ב	ט	מ	ש	ו	י	ב
ב	ר	ן	ם	ד	ף	ח	ט	ט	ם	ת	ל	ע	ב
ח	ב	ר	י	ם	פ	ה	ט	ס	י	מ	ס	פ	ד
מ	ס	ו	כ	ן	י	ו	פ	י	ט	ח	מ	א	ר
ד	ט	ל	ם	ף	פ	צ	א	ב	ל	ל	ו	כ	ד
ק	ו	ש	י	ף	ט	ה	ש	ט	צ	ד	ת	ת	ר

יוצא דופן
מסלול
שמחה
טבע
ניווט
חדש
הזדמנות
הכנה
בטיחות
מפתיע

פעילות
חברים
יופי
אומץ
סיכוי
מסוכן
יעד
אתגרים
קושי
טיול

29 - Ville

פ	פ	צ	ל	פ	ג	ן	ש	ו	ק	נ	מ	ס	צ
ג	ר	ב	י	ת	מ	ר	ק	ח	ת	צ	ו	ג	ל
ם	ל	ח	נ	ת	נ	צ	ל	נ	ר	ח	ז	ס	ק
י	ר	ר	י	ע	נ	ם	פ	ל	ב	מ	י	א	ו
ר	ס	ה	י	ם	פ	ש	ש	ר	א	ל	א	ו	ל
פ	ג	א	ס	ה	ד	ע	ס	מ	ש	ו	ו	נ	נ
ס	ו	פ	ר	מ	ר	ק	ט	מ	נ	ן	ן	י	ו
ת	ט	ר	צ	ש	ר	ח	ט	א	א	ו	ו	ב	ע
ו	ת	מ	ד	ן	ל	פ	ש	פ	ט	ר	י	ר	ב
נ	א	ש	ג	נ	ף	ה	ש	י	ה	ט	ד	ס	ף
ח	ת	ס	נ	ג	מ	י	כ	י	ס	א	ט	י	צ
ב	י	ת	ס	פ	ר	ר	ה	ה	ש	י	צ	ט	פ
ש	ד	ה	ת	ע	ו	פ	ה	פ	ג	ת	א	ה	ט
נ	נ	ד	ש	ע	ת	ס	ג	ן	ח	י	ו	ת	ג

חנות ספרים
שוק
מוזיאון
בית מרקחת
מסעדה
אצטדיון
סופרמרקט
תיאטרון
אוניברסיטה
גן חיות

שדה תעופה
בנק
ספריה
מאפייה
קולנוע
מרפאה
בית ספר
פרחים
גלריה
מלון

30 - Ingénierie

ת	מ	נ	ו	ע	פ	ג	ב	א	ח	ו	כ	ר	ג
נ	ר	ר	ס	ג	כ	ת	נ	מ	צ	י	צ	ל	ד
ן	מ	ש	ל	ע	ב	ח	י	ח	ד	ע	ש	ז	ע
נ	ת	ם	י	כ	ו	ל	י	ה	ם	ף	ע	ו	ן
ס	ם	ר	ת	ם	ת	צ	ה	ה	נ	ע	ה	נ	ב
מ	ד	ף	כ	ם	נ	ג	צ	מ	מ	ף	ט	מ	ו
ס	ח	מ	ב	ף	ש	ש	פ	ה	ן	ה	נ	ע	ב
ע	י	ם	כ	ס	מ	ן	ה	נ	כ	ב	ח	ר	י
ז	צ	ק	מ	ו	ע	ד	י	ז	ל	ס	ף	ש	ס
ו	י	ו	מ	ל	נ	ה	ב	ר	מ	צ	ס	צ	נ
ו	ב	ט	ב	ה	כ	ה	י	ג	ר	נ	א	י	ל
י	ו	ר	נ	א	צ	ס	ע	ן	ט	ה	ה	ר	ף
ת	ת	כ	ה	ס	צ	ט	ע	ד	ף	ם	כ	ל	צ
ף	ח	ג	מ	ד	י	ד	ה	ס	ת	ח	פ	כ	ש

זווית
ציר
חישוב
בנייה
תרשים
קוטר
דיזל
הפצה
הילוכים
אנרגיה

כוח
נוזל
מכונה
מדידה
מנוע
עומק
הנעה
סיבוב
יציבות
מבנה

31 - Énergie

צ ט ם ן פ ה ם ט ש א מ א פ נ
ר ד כ ח צ ח ו ם נ ב פ ט נ ר
ח פ מ ח ר ר א ט ם ן כ פ ה ס
ת ן כ ם ב ר ר ש ד ח ת מ מ ן
ב נ ז י ן ו ש ט ט א פ פ י צ
ף כ נ נ פ ג ט ע מ כ ן ע מ א
צ ה ף י ל ז י ד פ ו ט ו ן מ
ס ד ה ע כ א ל ק ט ר ו ן ף ף
ג ל ב ר ש ף מ ל ל ח ל פ ם מ
צ ק י ג ת ע ש י י ה ל ל ו ס
א ש ב צ ר ו ח ע ש ל כ צ ה ע
ח ם ס ל ן נ ת ם צ ג נ מ י ף
ש מ ש ר ב מ ם ן נ ל כ ס ז מ
כ ה פ ב ש ס ף כ ן מ ב ב ט ב

סוללה
פחמן
דלק
חום
דיזל
אנטרופיה
סביבה
בנזין
חשמלי
אלקטרון

מימן
תעשייה
מנוע
גרעיני
פוטון
זיהום
מתחדש
שמש
טורבינה
רוח

32 - Cuisine

ט	ת	מ	ס	ף	ת	ע	ע	נ	ח	מ	ע	ן	ף
ה	ר	ג	ק	ם	ב	ג	ס	פ	ס	ז	כ	ד	ר
ת	י	פ	מ	ר	נ	י	ס	ן	ב	ל	ד	ן	צ
ב	כ	נ	ד	ן	ר	ש	א	ח	נ	ג	ע	ל	מ
ל	מ	ב	ג	ע	ב	ה	ח	נ	נ	ו	ע	ן	ף
י	ל	ם	ת	ג	ם	ח	ט	נ	ט	ת	ל	ע	א
נ	נ	ש	מ	ז	ו	ן	ף	ל	צ	נ	צ	נ	ת
י	ג	ל	ת	ד	ק	פ	ט	ע	נ	ד	ן	ע	ב
ם	ן	ט	נ	ש	מ	ף	ס	ל	מ	צ	ק	ת	מ
ם	כ	ת	ו	ס	ו	כ	ם	י	נ	י	כ	ס	ת
ט	ן	ה	ר	ע	ק	נ	א	ע	ה	ל	פ	צ	כ
מ	ק	ל	ו	ת	א	כ	י	ל	ה	ס	י	פ	ו
ג	ף	ת	ט	ם	ם	ע	צ	ע	ד	ן	ו	ר	ן
ב	ף	כ	ה	מ	ק	פ	י	א	ה	ש	ת	נ	ג

מזלגות
גריל
מצקת
מזון
צנצנת
מתכון
מקרר
מפית
סינר
כוסות

מקלות אכילה
קערה
קומקום
מקפיא
סכינים
כד
כפיות
תבלינים
ספוג
תנור

33 - Corps Humain

ג	ר	ד	מ	ב	ב	מ	ר	פ	ק	צ	ט	א	ן
ל	ב	ם	ל	ם	ר	ס	ו	ם	ג	ג	ה	ל	ח
ר	א	ש	ש	ן	ך	פ	ע	ר	ד	כ	צ	ם	ם
צ	א	א	צ	ז	ף	ף	ע	צ	ע	ל	ש	פ	ב
ש	צ	צ	צ	ו	ו	א	ר	ה	ק	מ	פ	ע	ם
ח	ב	ע	א	א	ד	ט	ט	נ	י	ש	ת	ן	צ
ח	ע	כ	ת	ף	א	א	נ	ח	ב	ס	י	ט	ד
ד	נ	ף	ג	ח	ן	פ	ס	ל	ה	ס	י	ט	ש
ג	ר	צ	נ	נ	ה	ב	ם	ב	ס	א	ם	ה	ת
ס	ד	צ	ע	ל	א	ה	ח	כ	ל	ת	ת	ע	ג
ת	מ	ט	פ	ק	ר	ס	ו	ל	ס	פ	י	ד	ד
ן	ת	ף	נ	ב	ד	ה	ע	ד	ף	ב	ר	ל	ה
פ	ר	א	א	ש	ח	ש	א	ת	ל	ת	ת	ט	ף
ע	ה	מ	ו	ח	ת	פ	נ	י	ם	ל	ח	ע	ה

פה
מוח
קרסול
צוואר
מרפק
לב
אצבע
קיבה
כתף
ברך

שפתיים
יד
לסת
סנטר
אף
אוזן
עור
דם
ראש
פנים

34 - Épices

צ ץ ו מ ח א כ ת ס ש ש ח ש ר
ל ת ש ג ד ד ם ט פ נ ע ה ל ף
ה ם ש ב ט ג ת פ ג ס ת ף ם ל
ל ו נ כ צ ט א נ ם ח א צ א ס
ש א כ מ א ט ע ר ד ש ם ם ר פ
ד ק ל ו ח כ צ ט ט ת ש ף ס ס
א י נ ן ג ו ם ג ח ס ע צ ר ל
ש נ ה ר ש ס ת צ ף ט ל צ ב ח
ה מ נ פ ה ב ת ן ב ע ל פ ל פ
ל ו ח ע ק ר ש ש ו ם ב מ י ף
פ ן פ ז י ה מ ו ס ק ט ח נ ל
ש ו מ ר ר א ט ג ש א ט ס ו ח
א ת מ ת פ ג י נ ג ר ן כ א כ
ף ס ס ת פ ר ד א נ י ס ה ת ב

ג'ינג'ר
מוסקט
בצל
פפריקה
פלפל
שוש
זעפרן
טעם
מלח
וניל

חמוץ
שום
מריר
אניס
קינמון
הל
כוסברה
כמון
קארי
שומר

35 - Science

ף	מ	מ	י	נ	ר	ל	י	ם	מ	ח	נ	ל	א
מ	א	ח	ע	ש	א	ג	ט	נ	ו	ל	צ	נ	ו
מ	ו	ע	ר	כ	ש	מ	ת	ר	ל	ק	ם	ן	ר
ע	ב	ט	נ	ת	ו	נ	י	ם	ק	י	ב	ת	ג
ט	ן	ם	ש	י	ט	ה	ו	ם	ו	ק	ע	ת	נ
א	ק	ל	י	ם	ח	ב	ס	נ	ל	י	ה	נ	י
מ	ד	ע	ן	ח	ל	ש	י	ת	ו	ם	נ	ג	ז
ה	ע	צ	ם	ג	מ	פ	נ	מ	ת	ג	ח	ד	ם
א	א	ב	ו	ל	ו	צ	י	ה	ע	ל	ה	ה	נ
ט	צ	פ	י	ז	י	ק	ה	מ	ד	ב	א	ה	ח
ו	נ	פ	מ	נ	כ	מ	פ	צ	ר	ב	ד	ד	נ
ם	ם	צ	י	פ	ד	ת	ח	ס	ע	ע	ו	ה	כ
ר	כ	פ	כ	ם	א	ר	ע	ר	א	נ	ב	ע	מ
ד	ח	ף	ע	ר	ם	ע	ר	מ	א	ל	פ	ר	א

אטום
כימי
אקלים
נתונים
ניסוי
אבולוציה
עובדה
מאובן
הנחה
מעבדה

שיטה
מינרלים
מולקולות
טבע
אורגניזם
חלקיקים
פיזיקה
צמחים
מדען

36 - Vêtements

ת	צ	ל	ף	ר	ג	צ	ת	פ	ש	מ	ל	ה	ש
נ	מ	ג	ג	ר	ט	ע	כ	כ	ס	י	נ	ר	ס
ח	י	ש	ב	א	ס	ג	ש	ו	פ	ה	ש	ו	כ
ט	ד	י	ש	כ	ם	ה	י	ב	ג	ר	צ	ג	א
נ	י	נ	ס	ל	ם	מ	ט	ע	ת	ם	נ	ח	כ
ם	ל	ה	ה	צ	י	ג	י	ד	מ	צ	ד	ע	ש
ב	ד	ל	ע	נ	י	י	ם	ע	ל	ע	ר	ה	ג
ר	ד	כ	ם	נ	ס	פ	כ	מ	ף	ע	ט	נ	כ
ן	ב	ט	ס	כ	נ	נ	ף	ה	ת	ל	ט	פ	ר
מ	ה	פ	צ	פ	כ	ע	מ	ע	ר	ד	ו	ו	ס
ה	ם	ד	ת	פ	מ	ם	י	ל	ד	נ	ס	א	ה
ף	י	ע	צ	ו	ע	ש	ה	נ	מ	ל	ח	ט	ן
ג	ח	א	ת	ת	י	ם	ר	ס	ה	צ	ל	ו	ח
ת	י	א	צ	ח	ל	צ	ט	ת	ר	ט	ר	ס	ב

ג'ינס
חצאית
מעיל
אופנה
מכנסיים
סוודר
פיג'מה
שמלה
סנדלים
סינר

תכשיטים
צמיד
חגורה
כובע
גרביים
נעל
חולצה
שרשרת
צעיף
כפפות

37 - Méditation

מ	ט	ע	ש	ש	ן	ש	ם	ר	ב	ה	ל	מ	ח
צ	ח	ב	ה	ל	ל	ן	ד	א	ה	ב	י	צ	י
ע	ם	ש	ע	ו	ג	ר	ל	ף	י	י	כ	ב	ם
ר	ע	פ	ב	ם	נ	מ	א	ט	ר	ט	ה	ה	ס
ה	ט	נ	צ	ו	ף	ו	ח	מ	ו	ק	ע	ר	כ
ק	ב	ל	ה	א	ת	ח	ה	ם	ת	פ	כ	ת	ע
י	כ	ב	ט	ה	ו	ח	ר	א	מ	ס	ה	ב	ת
ז	ל	ל	כ	ף	ש	נ	ג	ט	ן	ר	פ	ג	מ
ו	ר	ל	ן	ס	ג	כ	ל	ה	ס	פ	ט	ס	ח
מ	מ	ב	מ	נ	ר	ה	י	ק	כ	ר	ס	ת	ל
א	פ	ה	ע	ו	נ	ת	ם	י	ת	ב	מ	כ	ס
ם	ס	ל	נ	ה	ד	ו	ת	ת	ר	כ	ה	צ	ש
ט	ה	ה	ג	צ	ס	ג	ח	ש	א	ס	ח	ן	צ
פ	א	ם	ן	ח	ח	ת	ל	ע	ח	נ	פ	ת	נ

קבלה
ללמוד
רגוע
בהירות
חמלה
מוח
רגשות
ער
חסד
הכרת תודה

הרגלים
נפש
תנועה
מוזיקה
טבע
שלום
מחשבות
פרספקטיבה
יציבה
שתיקה

38 - Littérature

ח	נ	נ	ד	ת	ט	ח	מ	ס	ר	ע	ש	י	ר
ר	ב	ד	י	ו	נ	י	ח	ן	ף	ש	ן	צ	ו
ו	מ	א	ב	פ	ק	צ	ב	ח	ט	ס	צ	ף	מ
ז	ו	ח	י	פ	ל	ה	ר	ג	ק	ר	י	י	ן
ר	ע	ן	ו	צ	ל	א	ש	ו	נ	ת	כ	ר	ע
ן	ת	ת	ג	ם	ט	ו	ף	ל	ם	ט	ן	ח	ר
ד	נ	ב	ר	ח	מ	ו	ת	א	ם	פ	ח	ט	ס
ן	י	ן	פ	ע	מ	ש	ט	י	ש	ט	כ	ב	מ
פ	ת	ס	י	ף	ל	ה	ט	ד	ח	ס	כ	פ	ט
ר	ו	ע	ה	ש	נ	א	ט	ס	ע	ם	ם	ג	ף
א	ח	ס	י	כ	ו	ם	ג	ה	ר	ו	פ	ט	מ
ת	כ	צ	מ	פ	ס	נ	ה	י	ג	ו	ל	נ	א
ש	א	נ	ק	ד	ו	ט	ה	ד	מ	ע	פ	מ	ם
ה	ן	נ	צ	ן	ב	ה	א	ה	י	ד	ג	ר	ט

מטפורה
קריין
שיר
פואטי
חרוז
רומן
קצב
סגנון
ערכת נושא
טרגדיה

אנלוגיה
ניתוח
אנקדוטה
מחבר
ביוגרפיה
השוואה
סיכום
תיאור
דיאלוג
בדיוני

39 - Nourriture #1

צ	כ	ש	ט	ב	ת	ט	ח	ה	ן	ו	מ	י	ל
ר	כ	ה	צ	ן	מ	ל	כ	ד	ח	ל	מ	ף	ת
ס	ה	ד	ק	ס	ב	ס	ל	ם	ט	ר	ט	ו	ח
א	ה	ר	ו	ע	ש	ם	מ	כ	מ	מ	ת	ס	ט
פ	מ	ת	ש	ס	נ	ק	ת	צ	ש	ש	ב	ל	ד
ר	פ	מ	ח	ב	מ	פ	כ	ל	ד	ל	נ	כ	ד
נ	כ	נ	ע	ן	ש	ה	ח	ה	ט	ב	כ	נ	נ
ר	כ	ו	ס	ת	פ	ל	ק	נ	ט	ן	ד	ג	ג
ר	ם	ן	ם	ש	ס	ג	י	ו	ע	ל	ב	ל	ש
י	ח	צ	מ	ה	כ	ש	נ	ט	א	ג	ס	פ	פ
ח	ג	ש	ר	ץ	י	מ	מ	ב	ע	ז	ל	צ	ב
ן	ם	א	ף	צ	ב	צ	ו	פ	ף	ר	ג	ף	צ
ל	ר	ם	ו	ש	ש	ש	ן	ף	מ	נ	ל	ע	פ
מ	ס	ם	ב	כ	ר	ע	צ	פ	ם	ע	ן	ס	ב

לפת
בצל
שעורה
אגס
סלט
מלח
מרק
סוכר
טונה
בשר

שום
ריחן
קפה
קינמון
גזר
לימון
תרד
תות שדה
מיץ
חלב

40 - Jours et Mois

מ	ח	נ	ו	ב	מ	ב	ר	ב	ו	ט	ק	ו	א
ה	ו	א	פ	ר	י	ל	מ	ע	ד	ס	ט	ע	ה
צ	ד	ב	א	ח	ג	ת	צ	י	ל	ו	י	ר	כ
י	ש	י	ל	ש	ם	ו	י	ו	ב	ג	מ	ר	ץ
ש	ת	ט	ס	ף	י	ם	פ	נ	ל	ו	ט	ן	י
צ	ב	י	נ	ש	ם	ו	י	י	ם	א	ת	ו	ו
ג	ש	ו	ל	ן	ר	ל	ם	נ	ה	ס	ע	ש	ם
ד	ם	כ	ע	ס	כ	ו	נ	ח	ו	א	ע	א	ש
ן	ו	ף	נ	ל	ש	ח	צ	ד	מ	א	ש	ר	י
צ	י	פ	ח	ם	מ	ש	כ	ר	ש	י	ר	ם	ש
נ	ם	ע	ס	ל	ם	נ	ת	ל	נ	א	ש	ו	י
ע	ג	צ	ח	ה	כ	ה	ה	ס	ף	פ	צ	י	ח
מ	ס	ש	ם	ג	ן	י	ו	ם	ר	ב	י	ע	י
פ	ב	ר	ו	א	ר	ב	מ	ט	פ	ס	ן	ם	ם

אוגוסט
אפריל
לוח שנה
יום ראשון
פברואר
ינואר
יום חמישי
יולי
יוני
יום שני

יום שלישי
מרץ
יום רביעי
חודש
נובמבר
אוקטובר
יום שבת
שבוע
ספטמבר
יום שישי

41 - Jardinage

ג	ן	ת	ט	נ	מ	א	ל	צ	ן	פ	ת	ן	פ
א	א	ק	ל	י	ם	ק	ר	א	ר	ד	ה	ד	פ
כ	ם	ד	ם	ת	ם	ז	ט	א	נ	ד	נ	ג	ג
י	ה	ג	י	נ	נ	ו	ע	ש	ה	ל	ת	ד	ם
ל	ל	ם	ע	ו	ל	ט	נ	מ	ש	ל	ה	ל	ע
ט	ת	נ	ר	ע	ג	י	ל	ף	ן	פ	ב	נ	ע
ק	ד	ת	ז	ב	ד	ב	ה	ח	י	ר	פ	פ	ת
ו	ם	י	.	ל	ָ	ע	ת	ש	נ	ש	ר	ע	ש
מ	פ	ל	ם	כ	נ	ע	ל	ע	ט	נ	ג	ב	ח
פ	צ	ה	ם	י	ב	כ	ח	ן	ו	ד	ר	ד	ה
ו	ע	ב	א	מ	ה	ן	ו	ג	ב	ס	צ	מ	צ
ס	ם	י	נ	י	מ	ח	ת	י	נ	ו	ח	ר	פ
ט	ף	ש	ז	ב	ד	ל	ד	ת	ר	ו	נ	י	צ
ר	מ	ר	ה	ן	א	ן	ע	ד	ע	ע	ב	א	ם

בוטני
זר
אקלים
אכיל
קומפוסט
מים
מינים
אקזוטי
עָלים
עלה

פריחה
פרחוני
זרעים
לחות
מיכל
עונתי
עפר
אדמה
צינור

42 - Entreprise

ע	ב	ט	מ	ם	נ	ה	צ	מ	ח	ה	ק	ס	ע
כ	ל	ע	פ	מ	צ	ר	נ	י	א	כ	צ	ל	ס
ח	ס	ו	ת	ק	צ	י	ב	מ	ע	נ	ש	מ	ד
ת	ט	ף	ת	פ	ג	י	ח	ו	ם	ס	ר	ם	ח
ח	ש	ת	ס	ם	ש	ר	ג	ן	כ	ה	א	ר	ח
ן	נ	צ	פ	י	פ	ק	י	ס	ע	מ	ב	צ	ף
ה	ר	ו	ח	ס	ף	פ	ס	מ	ן	ס	נ	ף	ם
ל	כ	ה	ת	מ	ט	ס	ף	ט	ר	ד	מ	ע	ח
כ	ר	צ	ד	ש	ה	נ	ה	ס	ה	כ	ל	צ	ת
ל	ג	ם	ח	א	ה	ר	ב	ח	ה	כ	ס	ם	ב
כ	ב	ס	צ	ע	ע	ו	ב	ד	ר	ו	ו	ח	ם
כ	ם	ב	כ	א	ק	צ	ס	ר	י	ת	ש	ל	א
נ	ט	א	ב	ר	ש	ש	ת	ש	כ	ה	ש	ש	ד
ג	ל	ס	ע	ג	ה	ר	ן	מ	מ	א	ב	ם	ד

כלכלה
מימון
מסים
השקעה
סחורה
רווח
הכנסה
עסקה
מפעל
מכירה

כסף
חנות
תקציב
משרד
קריירה
עלות
מטבע
מעסיק
עובד
חברה

43 - Activités

מ	ה	ג	ק	ע	ד	ה	א	י	ר	ק	כ	ח	פ
ף	י	ם	ס	ד	י	ג	מ	ת	ב	ת	ם	ע	ע
ד	פ	ו	ם	א	א	ד	נ	צ	ע	ע	צ	ט	י
ת	ר	ט	מ	ש	י	ן	ו	ם	ה	נ	ע	ת	ל
צ	ה	י	א	נ	פ	נ	ת	ן	ף	פ	ו	ם	ו
ג	צ	ו	ה	ס	ו	ת	ט	צ	י	ו	ר	ג	ת
ס	ס	ל	פ	ה	ח	ת	פ	ר	ר	י	ק	ו	ד
ר	ג	י	ף	מ	ם	ט	כ	ב	ס	ם	ח	ת	מ
ח	צ	ם	י	ק	ח	ש	מ	ח	ח	י	ח	כ	ל
ר	ט	נ	ם	ת	פ	י	ר	ה	ם	ס	ם	כ	א
ג	י	נ	ו	ן	ה	מ	ק	מ	פ	י	נ	ג	כ
ת	ש	ה	ל	ב	ת	ט	צ	י	ד	ה	כ	ש	ת
ר	ר	א	י	ס	א	פ	נ	ע	ג	ע	ת	ת	י
ש	מ	כ	צ	מ	ה	ח	ש	ה	ג	א	צ	ש	ד

פעילות
אמנות
מלאכת יד
קמפינג
ציד
מיומנות
תפירה
ריקוד
אינטרסים
גינון

משחקים
קריאה
פנאי
קסם
ציור
דיג
צילום
תענוג
טיולים
הרפיה

44 - Mode

ר	מ	נ	ב	ר	ת	ר	ה	ע	מ	ג	ב	כ	מ
ב	ף	ו	ל	א	ק	ש	ן	ג	ע	ת	ל	פ	ע
פ	ב	נ	ד	ע	מ	מ	פ	ב	כ	ב	ל	ג	ש
ל	ס	צ	ב	ר	ח	ב	ה	פ	פ	נ	כ	ף	י
א	ר	נ	צ	ש	נ	נ	מ	א	ף	י	ל	ג	ט
ם	פ	ב	ד	ב	ג	י	ג	ג	ח	ת	ל	ל	ס
ר	ת	ן	ת	ח	ר	ע	מ	ל	א	ד	ד	ם	י
ט	ת	ו	ד	י	מ	ר	ק	ם	ע	ח	ם	ן	ל
ל	ח	ו	נ	ח	ט	ט	ק	ק	פ	ט	ת	ה	מ
ג	ר	ת	ע	ג	ס	ג	ש	י	ר	ו	ק	מ	י
ה	ה	ב	ו	ה	ש	ג	י	ט	נ	ג	ל	א	נ
ל	ח	צ	נ	י	ם	מ	ת	ו	ח	כ	ם	ח	י
ל	ת	מ	צ	ת	ר	ד	ד	ב	ן	ף	מ	צ	מ
פ	ש	ו	ט	ס	נ	ד	ת	ף	ס	ג	נ	ו	ן

צנוע
תבנית
מקורי
מעשי
פשוט
מתוחכם
סגנון
מגמה
מרקם
בד

בוטיק
לחצנים
רקמה
יקר
נוח
תחרה
אלגנטי
מידות
מינימליסטי
מודרני

45 - Fleurs

ר	ה	ר	פ	ס	י	פ	ל	ו	ר	ה	כ	ם	נ
ח	נ	ר	ק	י	ס	ז	ס	ט	ז	ש	ל	ם	ש
ח	ע	ט	ס	ו	ק	ס	י	ב	י	ה	י	ע	מ
ג	צ	כ	מ	ה	ה	ל	ג	י	ס	ע	ל	נ	כ
ת	ל	ת	ן	ל	ב	נ	ד	ר	ד	צ	ך	ף	ת
י	ה	ם	ו	ח	ל	ת	מ	ד	כ	ת	ת	צ	ד
ה	ס	פ	ר	ע	ח	ש	ן	ה	א	ר	י	ע	ת
ן	ס	מ	ד	ן	ס	ג	ל	י	ן	ג	נ	ל	פ
פ	ר	ג	י	צ	ג	ר	ף	ל	ף	ח	ו	י	מ
ש	ת	צ	ת	ן	ר	ד	נ	ו	ע	מ	מ	כ	ש
כ	ו	מ	ב	ה	ש	נ	צ	נ	ח	נ	ד	ו	ט
ח	ם	ש	ם	ף	ר	י	ע	ג	ת	י	א	ת	ת
מ	כ	ר	ן	ע	ם	ה	ת	מ	ד	ת	ר	ר	ם
צ	ב	ע	ו	נ	י	ת	ף	ר	ם	פ	א	ת	נ

זר
גרדניה
היביסקוס
יסמין
נרקיס
לבנדר
לילך
שושן
מגנוליה
דייזי

סחלב
פסיפלורה
פרג
עלי כותרת
שן הארי
אדמונית
ורד
חמנית
תלתן
צבעוני

46 - Nourriture #2

ע	מ	א	ש	ק	ד	ת	כ	נ	ש	פ	ג	ס	ה
ג	ב	ו	פ	י	מ	צ	ש	צ	ג	מ	ט	ס	ד
ב	מ	ר	ט	ו	ט	א	ן	פ	ג	ה	נ	נ	ב
נ	נ	ז	ר	ו	ל	י	צ	ח	ת	א	מ	ל	ם
י	ג	פ	י	י	ם	ר	ע	פ	ע	ה	ט	י	ח
י	ו	ח	י	ל	ג	ד	ו	ם	ב	ש	פ	ר	ן
ה	ן	ם	ה	ו	ף	ח	ג	ח	ר	ע	ס	ן	ב
ג	ט	צ	ה	ק	ט	י	ר	ל	ס	ם	ל	י	ד
ש	ע	ט	ן	ו	כ	ת	ס	ל	ס	נ	צ	פ	ב
ף	ד	נ	מ	ר	צ	מ	מ	א	ל	ה	מ	כ	ו
ם	ם	ב	ס	ב	ע	כ	ד	ש	ו	ק	ו	ל	ד
ה	ה	ת	נ	ו	ל	ה	ג	ן	נ	ש	צ	ג	ף
כ	ש	ש	ף	ד	כ	ח	ח	ט	ט	ט	ף	ל	פ
א	נ	ף	נ	א	ן	צ	א	ב	מ	ה	ן	ע	ן

שקד
חציל
בננה
חיטה
ברוקולי
דובדבן
סלרי
פטרייה
שוקולד
חם

קיווי
מנגו
ביצה
לחם
דג
תפוח
עוף
גפן
אורז
עגבנייה

47 - Algèbre

ת ך ל נ נ ל מ צ ע א ף ט מ ד
ה י ע ב ט ס כ מ ו ת ר ש י ם
צ ר א י פ ג ג ט מ ג ו פ מ ת
י ע י ר ה נ ת ש מ ו ר ל ף ש
ר מ נ א ה צ פ נ א צ ד ג ה ב
ט ף ס י א ת ת ה ח ס ו ף ם ר
מ ת ו נ ס ט ר ח ע ר ם ר ק ש
ש ר פ י ו ד ו ס ם ג ת ג ס ב
ת ה י ל ג ג ן ו נ פ ס ס פ א
ה ח נ ת ר ל פ נ ת ף צ ן ף ה
ה י צ פ י כ ל א ט ן ב ח ר ה
מ ס ם נ י ל ד נ ב ב פ ט ם ת
מ ו ס ן ם ש ט פ ט ב ן ת ם ת
ת ר ת ש ד ש ת ס מ ט מ ת ח ן

תרשים
מעריך
משוואה
גורם
שקר
נוסחה
שבר
גרף
אינסופי
ליניארי

מטריצה
מספר
סוגריים
בעיה
כמות
לפשט
פתרון
חיסור
משתנה
אפס

48 - Océan

ד	ע	ס	כ	מ	ג	א	ת	ח	כ	ת	מ	ל	ף
ר	ם	א	ע	מ	ל	ש	ר	י	מ	פ	ס	ו	ף
צ	ד	ף	ל	ר	ד	ח	א	צ	ב	ד	צ	ו	פ
ס	ג	ו	פ	ס	ה	נ	ו	ט	ט	ה	ל	י	ע
ם	ו	ה	ל	פ	ש	ו	ת	ו	א	ג	ו	ת	פ
ר	מ	א	ה	פ	ד	צ	ג	ע	ש	ד	פ	ן	ח
ע	ל	ף	ז	ש	י	ר	ב	ג	ש	ת	ח	ן	ע
ס	א	ד	ו	ם	ת	ן	ט	ר	ס	ס	י	ר	ה
ט	ג	ע	ד	ד	ב	ו	ג	ב	ע	ף	ע	ח	ד
פ	ע	ב	מ	ל	ת	נ	ס	כ	פ	ש	ש	צ	ד
ס	ס	ם	כ	ה	ם	מ	א	ל	ר	ע	ו	נ	ג
ה	ג	א	ה	ת	ר	ת	ף	ח	ש	א	נ	ה	נ
ב	נ	ח	ב	פ	ב	ח	ש	ב	ן	ם	י	ל	ג
ת	ם	נ	ט	ד	ר	כ	ב	נ	א	ט	ת	ט	כ

צלופח	מדוזה
לוויתן	דג
סירה	תמנון
אלמוג	כריש
סרטן	שונית
שרימפס	מלח
דולפין	סערה
ספוג	טונה
צדפה	צב
גאות ושפל	גלים

49 - Antiquités

א	א	צ	ר	ר	ר	א	ן	ל	א	ש	ם	צ	צ
מ	ל	ר	ו	י	ט	נ	ת	ו	א	י	פ	ג	י
נ	ג	פ	ז	ה	ח	ן	ף	ס	נ	ט	כ	ם	ש
ו	נ	צ	ח	ו	נ	מ	ן	י	ח	ג	ח	ו	ן
ת	ט	מ	ש	ט	ת	ט	פ	פ	ף	ס	ס	נ	ת
ט	י	א	צ	צ	ם	י	ר	ו	י	צ	פ	ע	ש
צ	כ	ה	ע	א	י	ש	ש	ח	ן	ף	פ	ר	ל
ד	נ	ת	ע	ה	ט	ד	ט	פ	ף	כ	ל	ע	ר
א	ן	א	ע	פ	י	י	ו	צ	א	ד	ו	פ	ן
כ	ף	מ	ך	ה	ש	ס	כ	ן	מ	ג	נ	ם	ע
ס	ח	ל	ר	ה	כ	ס	א	ש	ל	ל	ם	ה	ג
מ	ט	ב	ע	ו	ת	י	ב	י	ט	ר	ו	ק	ד
מ	ע	ת	י	ב	מ	ו	פ	ה	ר	י	כ	מ	ח
ר	ר	ף	ל	ל	צ	ה	ע	ק	ש	ה	מ	ם	ב

אמנות
אותנטי
תכשיטים
דקורטיבי
מכירה פומבית
אלגנטי
גלריה
יוצא דופן
השקעה
ריהוט
ציורים
מטבעות
מחיר
איכות
שחזור
פיסול
מאה
סגנון
ערך
ישן

50 - Boxe

פ	ע	מ	ו	ן	פ	ח	ט	ד	ע	ת	כ	ן	ר
מ	ט	ל	ב	מ	ר	פ	ק	מ	ר	ו	ח	ג	צ
ג	ח	ע	ע	ח	ד	ח	נ	פ	ף	ד	ק	ו	מ
ר	ש	פ	י	כ	כ	ס	ח	ב	ר	ו	ס	ף	כ
ש	ן	ל	ט	פ	ה	ם	ש	ת	צ	ק	א	ו	ל
ט	כ	ג	ה	פ	ה	ף	ת	ו	ש	נ	ד	ר	ג
פ	י	נ	ה	ו	ת	מ	ו	ע	פ	ח	ט	ג	ד
ג	צ	כ	ש	ת	פ	ח	מ	י	א	ט	ז	א	ף
ע	ף	צ	ם	ו	ג	א	ל	צ	מ	ח	ח	ו	ן
ב	ף	מ	ם	נ	ת	ה	ו	פ	ס	ס	ן	ן	ר
ש	ה	פ	י	מ	ם	ג	ח	ם	צ	נ	ר	ע	פ
ע	ל	ע	ל	ו	ן	מ	ם	ס	ר	ט	ל	ב	צ
ף	ף	ן	ב	י	ר	י	ב	ם	ה	ר	נ	צ	ר
ל	א	ש	ח	מ	צ	נ	ע	ע	ף	ר	ם	ת	צ

יריב
שופט
פציעות
פעמון
פינה
לוחם
מיומנות
מוקד
חבלים
גוף

מרפק
בעיטה
מותש
כוח
כפפות
סנטר
אגרוף
נקודות
שחזור

51 - Ballet

מ	ר	ס	ל	ד	כ	ל	מ	ח	צ	ב	נ	ב	ג
מ	ס	א	ה	ר	ז	ח	מ	ד	ח	ע	ה	ם	ף
פ	ע	פ	פ	מ	נ	ו	ת	ו	נ	מ	ו	י	מ
ס	ק	צ	ב	ח	ז	ת	ס	ק	ה	ל	ו	נ	ח
ש	ר	י	ר	י	ם	ג	ג	צ	ו	ו	ח	ד	י
ה	ע	ב	ק	ל	ם	צ	נ	ס	ן	ג	מ	ק	נ
ע	ת	ה	ב	צ	ח	א	ו	מ	מ	ר	א	ר	נ
ם	י	ר	ו	ע	י	ש	ן	ח	מ	ת	ס	נ	י
ף	ס	ה	ת	מ	צ	ו	ע	ת	ר	ו	מ	ז	ת
צ	מ	ק	ב	ע	ן	י	ח	ל	מ	צ	ש	ן	ו
א	ה	י	פ	ר	ג	ו	א	י	ר	ו	כ	צ	נ
ג	ת	נ	ח	ע	ע	ח	פ	ה	מ	ם	נ	ד	מ
ף	מ	ב	א	ג	ט	פ	ס	ל	ה	ד	ה	מ	א
ת	ר	ט	ב	ט	ר	ש	ת	ף	ע	ס	נ	ף	ג

שרירים
מוזיקה
תזמורת
תרגול
קהל
חזרה
קצב
סולו
סגנון
טכניקה

אמנותי
כוריאוגרפיה
מיומנות
מלחין
רקדנים
מביע
מחווה
חינני
עוצמת
שיעורים

52 - Fruit

ע	ה	נ	ף	ד	פ	ם	ן	ה	א	פ	ש	ח	נ
ס	א	פ	ק	מ	פ	א	ג	ת	ה	ד	פ	ט	ם
ח	ה	ד	ן	ט	ר	ק	ם	ש	ת	א	נ	ה	כ
מ	נ	ג	ו	נ	ר	ם	י	ר	ב	ף	ת	י	פ
מ	מ	ל	מ	צ	צ	י	ח	ו	פ	ת	ט	א	ן
ש	ף	ש	י	ט	פ	מ	נ	א	ו	ג	ם	פ	ת
מ	ם	ן	ל	מ	ל	ו	ן	ה	ד	י	ח	פ	ס
ש	ף	ג	ו	י	א	ב	ה	ט	ק	פ	א	ג	ס
ג	ע	ג	ס	ע	ר	ף	ל	פ	ו	מ	ט	א	נ
צ	ת	צ	ג	כ	ג	ח	צ	פ	ב	מ	ס	ל	נ
ח	ת	ל	פ	כ	ת	ו	ם	ף	א	א	צ	ד	א
ב	נ	נ	ה	פ	ל	ד	ו	ב	ד	ב	ן	מ	נ
ס	פ	כ	ב	ם	א	פ	ר	ס	ק	ה	פ	פ	א
ט	צ	ט	ש	ת	ס	צ	מ	ה	פ	פ	ג	ב	ד

קיווי
מנגו
מלון
נקטרינה
כתום
פפאיה
אפרסק
אגס
תפוח
גפן

משמש
אננס
אבוקדו
ברי
בננה
דובדבן
לימון
תאנה
פטל
גויאבה

53 - Musique

ק	ר	ע	ה	ר	ג	ף	ף	ח	ע	ף	ש	מ	ק
ה	ל	ג	י	ל	ו	ק	א	ש	ד	ח	ר	ש	צ
ט	ט	ַ	ט	ן	ו	פ	ו	ר	ק	י	מ	ש	ב
ם	ף	כ	א	כ	ל	י	פ	ה	ע	פ	ז	ה	י
נ	ש	כ	ו	ס	פ	א	ר	י	ל	ן	ח	ה	א
ב	ף	ט	פ	ת	ִ	ק	ה	נ	ף	ם	מ	ת	ר
א	ל	ב	ו	ם	ד	י	נ	ו	מ	ר	ה	ר	ה
ת	נ	צ	ן	ב	ג	ז	י	מ	ר	ף	ד	ת	פ
ם	ה	ק	ש	ג	ר	ו	ג	ר	ס	ם	ל	ר	ל
ל	י	ר	י	פ	ס	מ	נ	ה	א	פ	ב	צ	ל
ח	ד	צ	א	צ	ל	ה	מ	ר	ק	ה	ל	ח	א
צ	ל	ד	ח	ת	ז	ם	ל	ש	ה	ל	ט	כ	ל
ה	כ	צ	ע	ף	ט	מ	מ	ב	כ	ף	ט	ל	ת
ה	ע	ר	כ	ב	ל	ע	ר	ש	ג	ף	א	ה	ר

אלבום
בלדה
שר
זמר
קְלַאסִי
הקלטה
הרמוניה
הרמוני
לאלתר
כלי

לירי
מנגינה
מיקרופון
מחזמר
מוזיקאי
אופרה
פואטי
קצב
קצבי
קולי

54 - Météo

נ	צ	ף	ס	ם	ף	ג	ם	א	ה	ג	ט	ם	ט
ל	ל	ר	ע	ר	פ	ל	ג	ו	ן	ג	ר	א	ם
ח	ר	ק	ר	ח	ם	ם	ע	ו	ם	ת	ס	פ	ל
צ	ח	ס	ה	_	ת	ת	ב	י	ב	ש	כ	ר	מ
פ	כ	ע	ד	·	ט	צ	ל	ר	נ	ק	ף	ו	כ
א	ט	ט	פ	ו	ו	ק	צ	ה	ע	ח	נ	פ	כ
ס	ר	ו	ח	ר	א	ע	י	ק	ר	ס	ב	ר	ד
ם	ו	ר	ת	ב	ט	ו	ק	ה	ו	צ	ט	א	ע
ד	פ	נ	ה	ו	ר	י	ק	ן	א	ב	ג	ן	ח
ח	י	ד	ע	ה	ר	ו	ט	ר	פ	מ	ט	ף	צ
א	ס	ו	נ	כ	ע	ש	נ	ן	ב	פ	ה	ב	צ
ה	ש	פ	ן	מ	ט	ב	ם	ע	ר	ס	ר	צ	ש
ל	ף	א	ם	מ	ף	ש	ש	ט	צ	ת	ש	ת	ם
פ	ף	ס	פ	מ	ף	ג	ר	כ	ש	ת	א	כ	פ

הוריקן
הקוטב
יבש
בצורת
טמפרטורה
סערה
רעם
טורנדו
טרופי
רוח

קשת
אווירה
רוּחַ
ערפל
רקיע
אקלים
קרח
לח
מונסון
ענן

55 - L'Entreprise

ם	י	ב	א	ש	מ	צ	ף	ם	י	ק	ס	ע	ה
ה	ח	ל	ט	ה	א	צ	ן	ג	ד	ף	י	ר	כ
י	ת	ר	י	צ	י	ף	ג	ן	כ	ט	כ	ר	נ
י	ו	ש	ש	ה	מ	ל	ן	ת	ש	ר	ו	ר	ס
ש	כ	ר	מ	ן	ן	ת	ת	ה	ת	ף	נ	צ	ו
ע	י	א	פ	ש	ר	ו	ת	ר	ו	א	י	י	ת
ת	א	מ	י	ן	ג	מ	ה	כ	מ	מ	ם	ע	א
מ	נ	ו	ח	ד	ט	ג	ק	ש	ד	ב	ו	ו	ר
ע	ה	נ	י	ם	נ	מ	ו	א	ק	פ	ן	צ	מ
נ	ם	י	ד	ס	מ	ל	ס	ל	ת	ע	ח	ק	ר
כ	ח	ט	ו	נ	פ	ש	ע	ר	ה	ד	ה	מ	ה
ת	נ	י	ת	ט	א	ס	ת	ח	ד	ש	נ	י	ר
ר	ס	ן	ה	מ	ר	כ	ב	ח	ע	ן	ם	פ	ב
ל	ג	ב	מ	ש	מ	ט	ן	ח	ג	ט	ר	ף	ד

עסקים
יצירתי
החלטה
תעסוקה
תעשייה
חדשני
השקעה
אפשרות
מצגת
מוצר

מקצועי
התקדמות
איכות
משאבים
הכנסות
מוניטין
סיכונים
שכר
מגמות
יחידות

56 - Gouvernement

פ	כ	ח	א	ח	ד	ע	ש	ת	א	פ	ש	ט	כ
ח	ו	ק	ן	ו	י	ו	ו	ש	ד	ם	י	ע	ע
פ	ב	ח	ט	ק	ד	צ	ט	ף	י	ל	פ	פ	ש
ף	א	פ	ס	ה	כ	ד	ן	ר	ב	ט	ו	ר	פ
ל	ל	ף	ס	ם	פ	כ	מ	ת	ט	ח	ט	ף	ש
ל	א	ב	ה	ף	פ	ם	ם	ז	צ	א	י	ב	ל
א	ן	ו	י	ד	ף	ב	ח	פ	כ	ת	כ	מ	י
ס	נ	ע	מ	ח	ה	י	ט	ר	ק	ו	מ	ד	ו
מ	ג	ד	ה	י	מ	ן	ר	פ	ף	ח	י	ת	ע
ל	פ	ב	ר	ת	ו	ר	י	ח	ן	ר	נ	ו	ן
ף	מ	ף	ף	ט	א	ו	ג	ל	א	ז	ד	א	ת
כ	ע	ח	ב	ס	ה	ב	ל	ל	ע	א	נ	מ	ם
ד	ג	ה	ק	י	ט	י	ל	ו	פ	ל	ב	צ	מ
ד	כ	מ	נ	ט	ס	ד	א	ב	פ	ן	ב	ע	ד

אזרחות
אדיב
חוקה
דמוקרטיה
דיבור
דיון
זכויות
שוויון
מצב
עצמאות

שיפוטי
צדק
חירות
חוק
אנדרטה
אומה
לאומי
שליו
פוליטיקה
סמל

57 - Randonnée

ה	כ	נ	ה	ט	ב	ע	ש	ן	א	ל	א	ף	ן
י	פ	ט	ש	ח	כ	מ	ב	פ	א	מ	ח	מ	פ
י	מ	מ	מ	ז	ג	א	ו	ו	י	ר	י	ג	ר
ט	ם	פ	א	ד	ן	ה	פ	מ	ם	מ	ו	פ	א
נ	ש	ג	כ	א	ת	פ	ר	ם	ר	א	ת	י	י
ט	ט	כ	ט	ף	ה	ן	ט	ס	ת	צ	מ	י	נ
ע	ע	ת	ן	ת	צ	ג	ה	ב	ן	ן	ת	ם	א
פ	א	ר	ק	י	ם	י	נ	ב	א	ל	מ	ג	מ
ש	ג	ל	ו	מ	ש	מ	ש	ן	ה	ב	ד	ם	ד
ר	ם	מ	צ	ף	י	י	ע	ק	מ	פ	י	נ	ג
ר	ד	ר	ר	ע	א	ם	י	ל	ק	א	ר	פ	נ
מ	ס	פ	ע	ס	פ	ן	ד	ש	כ	נ	כ	כ	ם
ש	ד	ע	ד	ח	ת	ח	ב	ה	ג	ס	פ	ע	ש
כ	ש	ת	ש	מ	ם	י	כ	ר	י	ד	מ	ה	ט

חיות
מגפיים
קמפינג
מפה
אקלים
מים
צוק
עייף
מדריכים
כבד

מזג אוויר
הר
טבע
נטייה
פארקים
אבנים
הכנה
פראי
שמש
פסגה

58 - Nutrition

ב	נ	ה	כ	ת	ח	ג	ל	ן	ר	ף	ב	פ	ב
נ	ר	ס	ה	י	פ	ל	כ	ן	ו	פ	ר	ח	נ
ח	י	י	ט	א	ס	ע	ב	ל	ט	ש	י	מ	ש
פ	ר	ס	א	ב	ע	צ	ב	ו	ב	ן	א	י	ס
ם	מ	ת	י	ו	ה	מ	ן	כ	נ	ן	ו	מ	נ
ה	נ	ו	ד	ן	ל	ש	ט	י	נ	י	ת	ו	נ
ב	ח	כ	מ	ז	ת	ק	ט	ע	ד	מ	ם	ת	א
נ	נ	י	פ	ו	ר	ל	ח	מ	ם	ט	מ	א	ק
ס	ח	א	כ	א	ר	ע	ל	ן	ב	י	ה	ש	ל
ע	ג	ט	א	מ	ה	ג	נ	ח	ס	ו	ט	ה	ו
א	כ	י	ל	כ	ן	ג	פ	ם	ס	ט	פ	ד	ר
ט	ד	ס	ר	מ	א	מ	נ	ר	ן	ט	מ	צ	י
ם	ס	ג	ה	נ	ו	ז	ל	י	ם	ן	ר	מ	ו
מ	ש	ר	נ	ת	ב	ל	י	נ	י	ם	ף	ת	ת

נוזלים
משקל
חלבונים
איכות
בריא
בריאות
רוטב
טעם
רעלן
ויטמין

מריר
תיאבון
קלוריות
אכיל
דיאטה
עיכול
תבלינים
מאוזן
תסיסה
פחמימות

59 - Créativité

נ	ע	נ	ל	ב	ם	ד	ר	ת	ת	פ	ן	ט	ר
ה	ש	ר	א	ה	ש	ט	ת	מ	א	ס	ס	ר	ג
ח	ז	י	ו	נ	ו	ת	ו	י	ט	מ	ר	ד	ש
ח	ע	ד	ת	ה	ר	נ	נ	ן	מ	ל	מ	ר	ו
י	ו	מ	נ	נ	ה	ה	מ	ם	נ	ל	צ	כ	ת
ו	צ	י	ט	ר	ע	י	ו	נ	ו	ת	ה	ם	ה
נ	מ	ו	י	ה	י	צ	י	א	ו	ט	נ	י	א
י	ת	ן	ו	ן	א	א	מ	ל	מ	ל	ה	נ	צ
ו	כ	צ	ת	מ	ע	ן	י	ת	ד	ר	ן	ט	מ
ת	ל	ד	נ	ג	ח	ז	י	ו	ט	י	ב	נ	ה
ת	ח	ו	ש	ה	נ	ג	ס	ב	ה	י	ר	ו	ת
ד	ת	צ	ל	פ	מ	מ	ה	נ	ר	ד	צ	פ	ח
י	ף	ח	פ	ע	ם	ה	ח	מ	ס	ח	ד	ס	צ
ן	צ	ש	פ	ף	כ	ד	ן	ט	מ	פ	ד	ח	א

אמנותי
אותנטיות
בהירות
מיומנות
דרמטי
ביטוי
רגשות
נזילות
רעיונות
תמונה

דמיון
רושם
השראה
עוצמת
אינטואיציה
המצאה
תחושה
ספונטני
חזיונות
חיוניות

60 - Science Fiction

ת	א	ש	פ	כ	ר	ו	ב	ו	ט	י	ם	ה	ג
ר	ו	ע	ס	נ	ו	ד	י	ס	ט	ו	פ	י	ה
ח	ט	ב	ר	ע	ט	כ	ד	מ	י	ו	נ	י	ר
י	ו	ם	ת	ו	ת	ס	ב	ל	ן	נ	צ	ש	ם
ש	פ	מ	ח	נ	ג	י	ט	ל	ק	ר	ו	א	ד
ס	י	ת	ג	ל	נ	ר	ד	י	כ	ר	ה	צ	ס
א	ה	ת	ן	ו	ר	ו	ת	נ	ש	ת	ס	ם	ה
ח	ת	ג	ה	ק	ג	ת	ד	ה	י	ס	ק	ל	ג
ת	ף	ם	י	ר	פ	ס	ן	ר	מ	פ	ל	ו	ל
ה	ר	ד	נ	ת	ש	מ	ה	ר	ו	י	פ	ע	ה
ט	כ	נ	ו	ל	ו	ג	י	ה	ט	צ	ע	ע	ם
ב	ע	כ	צ	ס	כ	א	ל	ט	א	ו	ש	ח	ף
מ	ע	ע	י	א	ש	ר	ש	ב	מ	ץ	ג	פ	ר
ד	פ	ג	ק	ן	כ	ל	א	ח	ד	ן	ט	ש	א

אטומי
קולנוע
דיסטופיה
פיצוץ
קיצוני
פנטסטי
אש
עתידני
גלקסיה
אשליה

דמיוני
ספרים
עולם
מסתורי
אורקל
כוכב לכת
רובוטים
תרחיש
טכנולוגיה
אוטופיה

61 - Professions #1

י	א	ק	נ	ב	ר	ה	ש	ג	נ	כ	ט	כ	פ
נ	מ	פ	ש	ח	כ	ח	מ	א	פ	ף	ן	ס	ט
ע	ו	כ	ת	מ	ף	צ	ן	ש	א	ט	י	פ	צ
כ	ז	ב	ר	ב	ר	ש	מ	ד	ג	כ	ד	ר	י
ב	י	ו	ע	ף	ג	ר	א	ח	ו	ת	ך	ק	י
א	ק	ט	ל	ג	ו	י	מ	ל	ל	ה	ר	ד	ד
י	א	ר	א	ס	ט	ר	ו	נ	ו	ם	ו	ן	ר
ף	י	י	ן	ם	ר	ג	ם	ע	א	ר	ע	פ	א
כ	ד	נ	ב	מ	ק	ש	צ	ת	י	ח	ס	ס	צ
ב	ע	ר	ן	ט	י	ש	כ	ת	ג	צ	ך	נ	ר
ת	ח	ס	ט	צ	ג	ע	ת	ע	ח	ת	ר	ת	ע
נ	ד	ג	כ	נ	ע	נ	ד	ו	ק	ט	ו	ר	ל
כ	פ	ת	ג	ר	פ	מ	ן	ש	מ	ד	ע	ן	צ
ף	פ	ת	א	ש	כ	פ	ם	נ	נ	ת	נ	ד	ן

שגריר
אסטרונום
עורך דין
בנקאי
תכשיטן
קרטוגרף
צייד
רקדן
מאמן
עורך

גיאולוג
אחות
דוקטור
מוזיקאי
פסנתרן
שרברב
כבאי
פסיכולוג
מדען
וטרינר

62 - Géologie

ל	ב	פ	ס	ט	ם	ה	נ	ל	ע	נ	ס	ק	ג
ן	ב	ו	א	מ	פ	פ	ד	ף	ט	ט	פ	ו	ב
ה	ח	ה	ב	א	ש	ל	ה	ב	ם	י	ח	ו	י
א	ל	מ	ו	ג	מ	ע	ר	ה	פ	ף	כ	ר	ש
כ	מ	ל	ת	ש	ב	י	ה	ר	ג	ע	ש	ץ	י
ת	ת	ד	ב	ל	כ	ר	ו	ז	א	ב	ן	ח	ם
ף	נ	ל	נ	ד	ר	ב	ד	י	ת	כ	ת	ו	מ
ל	ס	ע	ת	ם	ר	ש	ה	י	ס	ב	ה	מ	ג
מ	י	נ	ר	ל	י	ם	ל	ג	ע	ה	ע	צ	ע
מ	ל	ח	ב	ט	פ	ס	ם	א	ש	ע	א	ה	פ
ר	ד	ב	ת	ה	ל	ע	פ	ד	ח	צ	ד	ב	ם
ס	מ	ח	ת	ט	ס	ה	ס	ם	י	ב	ת	ב	ל
ס	א	ה	ן	ע	ף	ר	ם	ח	ק	ס	י	ד	ן
ס	ש	ג	ף	מ	ס	פ	ף	ר	ה	כ	נ	ח	ת

גייזר
לבה
מינרלים
אבן
רמה
קוורץ
מלח
נטיף
הר געש
אזור

חומצה
סידן
מערה
יבשת
אלמוג
שכבה
גבישים
שחיקה
מותכת
מאובן

63 - Jardin

ע	ב	ט	ן	ן	פ	ג	ב	ש	ס	ת	ל	ע	א
צ	ש	ב	ר	ן	ר	ד	ג	א	ף	ס	ס	ר	ת
ל	ך	ס	ו	מ	ח	ו	ס	א	א	א	א	ס	ח
ה	ה	מ	ל	נ	פ	ד	נ	ף	ת	ג	פ	ל	פ
ט	ל	ג	ן	ף	ש	ו	ב	י	א	ח	ן	ד	י
ע	ר	ב	מ	ר	ף	נ	ל	ד	צ	ג	ט	ס	ר
ה	ח	ם	י	ט	ו	ש	ם	י	ב	ש	ע	פ	ה
ב	ל	ש	ח	ח	ע	ר	ם	ג	נ	א	ש	ס	מ
ח	ל	ם	ג	כ	ה	כ	י	ר	ב	ה	ב	ל	ד
ר	פ	ה	נ	ה	מ	ר	ע	ר	ע	פ	כ	מ	א
פ	ה	ב	ש	ף	ר	ן	ל	ע	ש	ר	כ	ה	ב
מ	א	ר	ר	ג	פ	ה	ס	ד	ץ	ג	ע	א	ן
צ	כ	ע	כ	ה	ס	ר	ט	ש	ר	מ	מ	ג	ה
ת	נ	ש	ן	כ	ת	ל	ה	א	פ	ב	ר	ס	ש

עשבים שוטים
את חפירה
המרפסת
מגרפה
סלעים
אדמה
טרסה
טרמפולינה
צינור
גפן

עץ
ספסל
בוש
גדר
בריכה
פרח
מוסך
ערסל
דשא
גן

64 - Santé et Bien Être #1

ר	ו	ע	מ	ל	ב	ע	ח	י	י	ד	ק	י	ם
ו	פ	י	צ	י	ב	ה	צ	ס	פ	ס	ע	נ	ב
ט	ל	ו	פ	ע	ע	צ	ר	מ	ל	ט	מ	ס	ף
ק	פ	ה	א	פ	ר	מ	ב	פ	ו	מ	צ	ם	פ
ו	מ	ה	ם	ה	ב	ל	ש	ל	ל	ת	נ	ט	צ
ד	ש	ר	י	ר	י	ם	צ	מ	ם	ק	ט	א	ה
נ	ס	ג	נ	ה	ף	ג	ל	כ	ת	ע	ס	ע	ר
ט	ג	ג	ו	ב	י	ת	מ	ר	ק	ח	ת	ה	ג
ב	כ	א	מ	ו	ג	פ	ט	ג	פ	ד	צ	ר	ל
ט	פ	כ	ר	ג	נ	צ	ב	ס	ט	ט	א	פ	ע
נ	צ	ת	ו	ר	ר	י	ב	ף	ח	ם	ל	י	ג
כ	ב	ל	ה	ח	ח	ע	ט	ת	ן	ג	ע	ה	ד
מ	ת	ב	ם	נ	ר	ה	ט	י	פ	ו	ל	ר	ה
ג	ם	ם	ף	צ	ף	ל	ף	ש	ד	כ	ל	ש	ס

רפואה
שרירים
עצמות
עור
בית מרקחת
יציבה
הרפיה
רפלקס
טיפול
נגיף

פעיל
חיידקים
פציעה
מרפאה
רעב
שבר
הרגל
גובה
הורמונים
דוקטור

65 - Barbecues

ר	א	מ	צ	ה	כ	ר	ם	ע	צ	ן	פ	ף	ש
ו	ר	מ	ס	ת	פ	נ	מ	ש	ח	ק	י	ם	ק
ט	ו	ש	ת	ו	י	נ	ב	ג	ע	ח	ל	י	כ
ב	ח	פ	ב	ב	ת	מ	פ	ס	א	צ	ץ	ד	ס
נ	ת	ח	ל	צ	ע	צ	ם	ה	ש	ב	צ	ל	ה
ג	ע	ה	ם	ד	ע	ס	ט	פ	ח	ס	ג	י	ל
ר	ר	ק	ם	י	י	ר	ה	צ	ת	ח	ו	ר	א
י	ב	י	ם	ח	ל	מ	ת	פ	ם	ד	א	ם	ס
ל	ת	ז	ם	י	ד	פ		י	ל	ת	ס	כ	נ
ת	ת	ו	ר	ר	ל	ל	ף	ר	ס	ב	י	ן	ח
ט	נ	מ	ר	ק	ט	פ	ט	ו	ר	נ	ש	ם	פ
ס	א	מ	ע	ו	ף	ל	כ	ת	י	ח	ב	פ	ח
ן	ח	ד	ב	ת	נ	פ	ם	ם	מ	ש	פ	מ	ב
א	ד	ד	ת	ף	ם	י	ט	ל	ס	ס	ב	ע	ס

משחקים
ירקות
מוזיקה
בצל
פלפל
עוף
סלטים
רוטב
מלח
עגבניות

חם
סכינים
ארוחת צהריים
ארוחת ערב
ילדים
קיץ
רעב
משפחה
פירות
גריל

66 - Animaux de Compagnie

ף	ה	ר	פ	ל	ד	ס	ת	ט	צ	א	נ	ג	ס
ן	ע	כ	ל	ה	ף	ן	ו	ת	ב	ל	ב	ל	כ
א	ו	ג	ר	ב	כ	ע	כ	ס	נ	ז	א	ו	כ
כ	צ	ז	ת	ל	ט	ל	י	פ	ר	נ	נ	ת	א
ג	ר	נ	מ	ן	ט	מ	ד	מ	א	ב	נ	ל	ש
ט	ג	ר	ם	פ	א	ף	ס	ג	מ	ד	כ	ת	ד
ה	פ	ד	ל	צ	ם	ב	ח	מ	ש	מ	פ	ח	ד
ח	ר	ר	ל	ף	ש	ע	ת	נ	ה	ד	מ	ן	ל
צ	ד	נ	י	ן	א	ן	ו	ר	א	ו	ו	צ	ע
ת	נ	י	א	ם	ס	א	ל	ן	ט	ס	ב	ן	ח
ף	כ	ר	ש	פ	ח	ה	מ	ג	ל	צ	ע	ע	ם
ג	ף	ט	ג	נ	ף	פ	ג	י	צ	נ	ז	ן	ש
ע	נ	ו	ס	פ	ר	ט	ל	ע	ם	ס	א	מ	נ
ב	ע	ד	ג	ן	ב	ת	ע	ן	כ	כ	ל	ב	ם

ארנב
לטאה
מזון
תוכי
דג
זנב
עכבר
צב
פרה
וטרינר

חתול
חתלתול
עז
כלב
כלבלב
צוואר ון
מים
טפרים
אוגר
רצועה

67 - Forêt Tropicale

ש	ר	מ	ה	מ	ה	ג	ו	נ	ג	ל	ש	נ	נ
ם	י	נ	נ	ע	י	ל	י	ד	ס	נ	ח	ג	ה
ה	נ	מ	ס	ה	ח	ר	י	כ	צ	ר	ז	א	ע
א	ט	ן	ו	ו	י	ג	ד	ה	ב	ב	ו	ב	ב
ע	ו	ת	ל	ר	ט	ל	ק	מ	ק	ו	ר	א	ב
ב	ב	ח	ט	ע	ב	מ	כ	ד	ל	כ	ד	ק	ת
פ	ר	ם	א	ג	ע	ת	נ	ע	צ	ר	ר	ל	ף
ח	ר	ק	י	ם	י	ר	ו	פ	י	צ	י	י	ה
ד	ב	ח	פ	ח	ס	א	ג	א	ת	ל	ו	ם	ת
ף	ג	מ	מ	ב	ג	נ	ת	מ	ט	פ	נ	ן	ח
י	ק	ר	מ	י	נ	י	ם	ל	ר	ח	ק	צ	ל
ם	צ	ת	כ	ה	ל	ת	ו	ד	ר	ש	י	ה	ש
ד	ו	ח	י	י	ם	א	ס	מ	פ	צ	ם	ש	ת
ש	ג	ר	צ	ע	ס	ב	פ	ע	צ	מ	ן	ב	ס

טחב
טבע
עננים
ציפורים
יקר
שימור
מקלט
כבוד
שחזור
הישרדות

דו-חיים
בוטני
אקלים
קהילה
גיוון
מינים
יליד
חרקים
ג'ונגל
יונקים

68 - Ferme #1

ד	ש	ש	מ	ב	ח	נ	ס	ן	ס	ש	ל	ע	ף
ח	ב	ף	ע	א	ז	ת	ו	א	ל	ק	ח	ו	ח
צ	ד	ו	ז	פ	ר	ה	ס	צ	מ	ו	ר	ר	ח
י	ע	ע	ר	ן	ו	ז	י	ב	י	ש	ת	ב	מ
ר	ד	ש	ן	ה	א	ת	ת	ג	ם	ר	פ	ח	ו
ף	ש	ן	ג	נ	ף	ש	ע	ח	מ	ד	ש	נ	ר
ל	ג	ר	צ	ד	ס	נ	כ	מ	ל	כ	ס	מ	ש
כ	ם	ה	א	ד	ר	ח	נ	ה	ע	פ	ח	ש	ד
צ	ף	ב	ע	מ	מ	ר	ד	ר	מ	ד	ע	ם	ה
ן	נ	ב	ט	ת	ב	כ	ן	ד	ן	ג	מ	ש	ע
ד	ג	ת	ת	ע	ח	ן	פ	ב	ג	א	פ	ס	ת
ג	ס	נ	ל	ר	ן	ט	ה	ר	ש	כ	ל	ב	ס
ל	ת	ס	ג	נ	ח	צ	ש	ל	צ	נ	ג	ת	פ
א	ה	ף	ן	ר	ש	ר	ת	פ	ר	א	ע	ם	א

דבורה
חקלאות
חמור
ביזון
שדה
חתול
סוס
עז
כלב
גדר

עורב
מים
דשן
חציר
דבש
עוף
אורז
צאן
פרה
עגל

69 - Antarctique

ב	ד	צ	ה	ח	ק	נ	ה	ר	ה	צ	פ	ר	פ
ק	ח	פ	ם	צ	ה	ר	ת	ש	ב	י	מ	ל	מ
נ	ר	מ	ח	י	ג	ף	ח	ה	כ	ג	ש	ן	צ
ן	נ	ח	צ	ה	י	פ	ל	ו	ס	ב	י	ב	ה
ח	ו	ק	ר	א	ר	ם	ש	ג	נ	ם	ד	ס	י
ט	ח	ש	ט	י	ה	ד	מ	ס	ם	י	ת	ף	פ
מ	ב	כ	ו	ע	ש	י	מ	ו	ר	נ	ם	ע	ר
פ	צ	ט	פ	ד	צ	פ	ם	ם	א	ת	י	ת	ג
ר	ף	ש	ו	מ	ר	ו	ק	י	ח	י	מ	מ	ו
ט	ב	ל	ג	א	י	י	ם	ל	ר	י	ג	פ	א
ו	ע	ם	ר	ח	ד	ם	ד	ר	מ	ו	ג	ר	ג
ר	ג	ג	פ	א	צ	ד	כ	נ	ח	ו	פ	ץ	ר
ה	כ	א	י	פ	כ	פ	נ	י	ן	ל	ף	י	ף
ם	צ	ם	ה	ע	ל	ם	ח	מ	ן	ג	ד	ס	צ

מפרץ
לווייתנים
חוקר
שימור
יבשת
מים
סביבה
משלחת
גאוגרפיה
קרח

קרחונים
איים
הגירה
מינרלים
ציפורים
חצי האי
רוקי
מדעי
טמפרטורה
טופוגרפיה

70 - Professions #2

ז	ו	א	ו	ל	ו	ג	ע	כ	ד	ל	צ	ף	ט
ר	ס	ד	ה	ע	נ	נ	מ	ן	ן	ט	ע	ו	ל
פ	ת	צ	ב	ע	פ	ן	ד	ב	ט	כ	ג	ס	ל
ב	ח	ח	ף	פ	ס	ת	ר	ח	ט	ס	ס	ו	צ
ח	כ	כ	ע	ע	ד	ח	ן	ן	צ	פ	א	ל	נ
א	ס	ט	ר	ו	נ	א	ו	ט	מ	צ	י	י	ר
י	י	ר	צ	ש	ה	מ	א	ע	א	ע	ב	פ	מ
צ	י	ה	ו	ל	מ	ו	ע	פ	י	ל	ל	ב	ן
מ	ט	ש	ד	פ	ם	ר	ס	ן	י	ן	ש	ל	ב
מ	ח	ו	ק	ר	א	ה	ש	פ	ר	ם	ן	א	מ
נ	ף	ע	א	ד	מ	נ	ת	ח	ר	נ	נ	א	ס
ר	ו	פ	א	ש	י	נ	י	י	ם	נ	ג	ת	ן
ע	י	ת	ו	נ	א	י	ד	נ	כ	מ	י	ה	ה
ב	י	ו	ל	ו	ג	ע	ד	ג	ה	ר	ט	ת	צ

ממציא
גנן
עיתונאי
בלשן
רופא
צייר
פילוסוף
צלם
טייס
זואולוג

אסטרונאוט
ספרנית
ביולוג
חוקר
מנתח
רופא שיניים
בלש
מורה
מאייר
מהנדס

71 - Les Abeilles

ט	ש	ט	כ	מ	ג	פ	ם	ף	ן	א	ם	ל	פ
ף	צ	ת	ת	ו	צ	ב	ר	ר	נ	ש	ף	ג	ר
מ	ס	נ	צ	ע	ט	ם	ס	י	ם	מ	ט	ה	ח
ף	ן	ג	ם	י	י	פ	נ	כ	ח	ח	כ	נ	י
ל	ע	ף	כ	ל	נ	ה	נ	ג	ף	ה	מ	ח	ם
ע	ם	ר	ף	ג	ם	כ	א	ה	ב	כ	מ	י	א
ס	ג	ס	ט	א	ר	ד	ס	א	ס	ל	ג	ל	ת
ה	נ	ת	ח	כ	ע	ט	ח	ף	צ	מ	ש	ן	ד
ח	מ	ג	נ	א	ן	כ	נ	ב	ן	נ	ח	ו	ב
ה	ו	ו	ע	ש	מ	ש	צ	מ	ח	י	ם	ז	ש
ת	ק	ר	ח	ח	ע	ג	י	ו	ו	ן	ח	מ	א
מ	א	ב	י	ק	ש	ב	ב	ט	ל	ט	ת	כ	ף
ם	ת	ע	א	פ	ן	ה	ח	ג	נ	ח	ג	ם	ח
ב	מ	ס	צ	כ	ו	ו	ר	ת	ו	ר	י	פ	ה

גן
דבש
מזון
צמחים
אבקה
מאביק
מלכה
כוורת
שמש

כנפיים
מועיל
שעווה
גיוון
נחיל
פריחה
פרחים
פירות
עשן
חרק

72 - Santé et Bien Être #2

ף	ד	ג	ל	פ	ר	ם	ד	מ	ע	ל	ב	ע	ט
ד	מ	ל	ר	ת	ד	ט	ג	ג	ל	כ	צ	א	ר
ת	ה	נ	ו	ז	ת	מ	ר	ם	ד	ע	מ	ש	ח
ו	י	ל	ו	ח	ע	י	ס	ו	י	ת	ב	ס	ג
י	ג	א	י	ר	ב	נ	ט	ה	י	ר	ו	ל	ק
ט	ר	ב	ב	ב	ב	ד	ה	י	מ	ו	ט	נ	א
מ	נ	ש	ץ	ו	י	ג	ד	ז	ג	ל	ש	ה	ס
י	א	ף	ח	ד	ן	ת	ר	ש	ו	מ	ד	ת	ה
ן	נ	ם	ל	ז	מ	ת	ח	ח	ף	ש	ת	י	ב
ר	ר	צ	פ	ב	ו	ג	ה	ו	ח	ק	ש	י	ג
א	ל	ר	ג	י	ה	ר	צ	ל	ל	ל	ה	ב	ש
ג	נ	ט	י	ק	ה	נ	י	י	ג	י	ה	ש	צ
ט	פ	ש	ר	מ	ש	ר	ח	פ	א	ח	ם	ו	מ
ר	כ	ן	ן	ם	ע	ס	ש	ש	ם	נ	ח	ת	ט

אלרגיה
אנטומיה
תיאבון
קלוריה
גוף
התייבשות
אנרגיה
גנטיקה
בית חולים
היגיינה

זיהום
חולי
עיסוי
תזונה
משקל
שחזור
בריא
דם
לחץ
ויטמין

73 - Conduite

ט	ל	ג	ן	מ	ר	ט	ת	ב	ט	י	ח	ו	ת
ן	כ	ל	ש	ף	ס	נ	י	נ	ב	פ	ל	מ	ד
ך	ה	ת	ג	ל	ט	מ	א	ר	ו	ת	ג	ת	ע
ס	פ	ב	נ	נ	ש	ה	ש	ת	ר	ע	ד	ר	פ
ו	כ	ח	ן	צ	ס	ם	מ	ם	ב	ם	ה	ה	ח
מ	ה	נ	ר	י	ש	י	ו	ן	ג	צ	פ	ה	נ
כ	פ	ד	ה	מ	ד	מ	א	ס	מ	א	מ	ש	ה
ע	ם	ן	ר	נ	ח	ל	ו	ח	כ	כ	ב	י	ש
ס	ן	ם	ט	ה	מ	ב	פ	ר	כ	ש	ג	ס	ד
ה	א	ג	ש	ר	ב	ד	נ	ח	ם	ל	ס	ף	ל
ה	ח	ז	מ	ה	ד	צ	ו	ח	ל	ש	ע	ג	ן
מ	נ	ו	ע	מ	ף	ל	ע	ת	ח	ב	ו	ר	ה
נ	מ	ה	י	ר	ו	ת	ק	מ	כ	ו	נ	י	ת
ת	א	ו	ה	נ	ה	ו	ל	כ	י	ר	ג	ל	פ

אופנוע
הולכי רגל
משטרה
כביש
בטיחות
תנועה
תחבורה
מנהרה
מהירות
מכונית

תאונה
משאית
דלק
מפה
סכנה
בלמים
מוסך
גז
רישיון
מנוע

74 - Plantes

ג	מ	כ	ם	מ	ן	ד	ט	א	פ	ס	ב	נ	ד
א	ח	ב	ה	ש	פ	ת	ג	ש	ק	ת	ו	ם	צ
ה	ט	ל	ק	ב	צ	ה	ב	ת	כ	י	ש	מ	כ
ל	ן	ת	י	ע	מ	ט	ח	ר	פ	ע	ס	ש	א
ש	ג	ט	נ	ל	ח	ה	ט	ת	י	ו	פ	ו	ש
ף	ן	ד	ט	ה	י	א	ס	ו	ף	ע	ת	ע	ס
ם	ף	ח	ו	ס	י	א	ר	כ	א	ש	ד	ס	ו
א	ש	ה	ב	ל	ה	ל	ס	י	ע	ץ	ע	ט	ט
ע	ָ	ל	ִ	י	ם	ל	נ	ל	מ	ד	ם	כ	ק
ב	פ	פ	ל	ד	מ	פ	ש	ע	ר	צ	נ	ב	ק
ה	ש	פ	נ	ש	ה	ס	ג	פ	צ	ס	ל	צ	ת
ש	ו	ר	ש	ן	ח	כ	ב	ט	ס	כ	מ	ג	נ
ם	ל	ע	ם	ף	ד	ם	ה	ן	ד	ש	ר	א	ם
ג	ע	י	ד	ם	ר	ב	כ	ב	מ	ב	ו	ק	ס

עץ
ברי
במבוק
בוטניקה
בוש
קקטוס
דשן
עָלִים
עלה
פרח

יער
לגדול
שעועית
דשא
גן
קיסוס
טחב
עלי כותרת
שורש
צמחייה

75 - Ferme #2

ט	ן	ן	ם	ב	ש	א	א	א	ס	י	ט	ט	ה
א	נ	כ	ת	ר	ו	ו	כ	ח	פ	ר	ר	ט	ש
מ	ו	צ	פ	ו	ן	ם	ס	ן	ו	ק	ק	ח	ק
ש	ז	ו	ד	ו	ם	ט	ם	ל	ר	ם	ט	נ	י
ט	ח	ו	ז	ז	ר	מ	א	י	ב	ר	ו	ת	ה
ב	י	ת	ן	י	ה	ג	א	א	ס	ם	ר	ר	ל
ם	ו	ם	ה	פ	ם	ל	א	מ	ה	ם	ח	ו	ט
ת	ת	ש	ף	ג	י	פ	נ	ן	ף	ת	ח	ח	ב
ת	י	ר	ס	כ	ש	ג	ע	מ	א	פ	ל	פ	ש
ג	ב	ח	ל	ם	ב	פ	י	ר	ו	ת	ב	צ	ל
ל	ן	ה	ג	פ	כ	ג	צ	ע	ף	ר	ל	צ	ה
ע	ל	ף	צ	מ	נ	ה	צ	ג	ע	פ	ח	ם	ט
ם	ן	ף	ע	ש	ע	ו	ר	ה	ט	י	ח	ס	ל
ת	ב	כ	ר	ח	ל	ח	ח	נ	ל	ס	ג	מ	ש

טלה
איכר
חיות
חיטה
ברווז
פירות
אסם
השקיה
חלב
לאמה

ירק
תירס
טחנת רוח
כבשים
מזון
אווזים
שעורה
אחו
כוורת
טרקטור

76 - Vacances #2

ן	ש	ג	ט	ף	ה	ח	ן	ם	א	פ	ף	ל	ר
נ	נ	ד	ף	ח	ב	ד	ע	י	ט	ה	ס	ש	ע
ם	כ	ת	ת	ף	מ	ע	כ	ג	מ	ב	ח	נ	פ
ה	ם	ף	צ	ש	ד	ם	ה	ב	ס	ח	מ	ט	כ
ע	ת	ף	ן	צ	ט	ת	ד	נ	ע	פ	ם	נ	ש
פ	ס	ת	ל	ס	ד	ש	ל	ן	ה	ח	כ	ע	ן
כ	א	ף	נ	ת	ם	ן	ס	ת	ף	ג	ש	ם	נ
א	ו	ף	ש	ד	ה	ת	ע	ו	פ	ה	ר	נ	ם
מ	ה	ד	ז	ר	ש	כ	ח	נ	ף	ד	ם	ה	ף
א	ל	מ	ו	נ	י	ת	ט	מ	מ	ע	ג	ד	ו
ר	ת	ב	כ	ר	ה	ג	ט	ז	ה	ס	מ	ר	י
ס	ח	צ	ע	ל	ס	ש	צ	ה	ף	מ	ם	כ	ז
ת	ר	מ	ר	ג	נ	י	פ	מ	ק	מ	ל	ו	ה
מ	ה	כ	ש	פ	נ	א	י	ת	מ	ל	ו	ן	ת

חוף
מסעדה
הזמנות
מונית
אוהל
רכבת
תחבורה
חג
ויזה
מסע

שדה תעופה
קמפינג
מפה
יעד
זר
מלון
אי
פנאי
ים
דרכון

77 - Éthique

ס ב י ר ל ש ם ת ר ח ע מ ס מ
ו פ ה צ ע ר כ י ם כ ב ה ב ע
ב נ ד י ב ט ט א ח ף ט ר ל ש
ל ת ח ו כ מ ה ו ן כ כ כ נ י
נ ד ם נ ו ה ל פ ף ב מ פ ו ו
ו ם ת ל ס א ו ט י ו ש ר ת ת
ת ז פ י ח נ ע י ש ד ם ף ג ט
ף י ף ו כ ו פ מ פ ט ם ן א ח
ד א צ ת מ ש ף י ח מ ס ל מ ת
ה ו ה פ ע ו ו ו ט ד ד ל נ צ
ן ר ד ש ש ת ת ת ב ם ה ח ל א
צ ט ת ט פ א י פ ף נ ר ס ם ה
ף ל ר ח י ו ש ר ה ב כ ד ע ע
ט א ל א ה י פ ו ס ו ל י פ ע

אלטרואיזם
נדיב
חמלה
שיתוף פעולה
כבוד
דיפלומטי
חסד
יושר
האנושות
יושרה

אופטימיות
סבלנות
פילוסופיה
סביר
רציונליות
מעשיות
חוכמה
סובלנות
ערכים

78 - Temps

ג	ח	ס	ל	א	ח	ר	ם	ט	ח	ח	ס	ע	פ
ל	פ	נ	י	צ	ש	ה	ד	א	ם	ו	ם	ע	ם
ו	כ	א	ל	ר	ג	ף	ם	צ	ה	ד	צ	צ	ם
מ	מ	א	ה	ג	נ	ת	ת	ח	ר	ש	ן	ת	ד
ת	ג	ט	נ	ג	כ	ש	ה	ה	ד	ה	ר	צ	ס
א	ת	נ	ש	ש	ף	ע	ש	צ	נ	ח	ב	ה	ף
ד	ן	ת	ש	ה	י	ו	ם	ר	ה	ג	כ	ר	ם
ל	ה	ב	נ	ע	י	ן	ה	ק	ד	ע	ר	י	ג
מ	ו	ה	ש	ש	ת	ף	ג	ו	א	ר	ב	י	ג
ע	ס	ו	כ	ב	נ	ד	כ	ב	ע	ע	כ	ם	ם
ע	ר	ע	ה	ח	ש	ל	ס	ו	ד	ת	ח	ן	ס
ג	ר	ט	ש	פ	ם	ף	מ	ר	ס	י	ם	ה	ף
צ	ש	ב	נ	ף	ף	ב	צ	ק	ח	ד	ם	ת	כ
פ	ה	נ	ש	ח	ו	ל	כ	ב	ן	ה	ש	ה	ח

שעון
יום
עכשיו
בוקר
צהריים
דקה
חודש
לילה
שבוע
מאה

שנה
שנתי
לאחר
לפני
בקרוב
לוח שנה
עשור
עתיד
שעה
אתמול

79 - Maison

מ	ו	מ	ר	א	ה	א	ה	ג	פ	ב	ם	ח	א
ט	י	ח	ג	ל	ט	ן	כ	ב	מ	ח	ע	ד	ט
ב	ל	מ	ק	ל	ח	ת	ת	ה	צ	ו	א	ר	נ
ח	ו	נ	צ	צ	ף	ד	כ	ט	ף	מ	ס	נ	ש
ח	נ	א	ה	כ	ף	ע	פ	ל	ד	נ	ד	ך	כ
ר	ו	ן	פ	ם	ח	ן	ם	ח	ן	ו	ל	ח	ש
ם	ת	ת	נ	פ	ג	ן	מ	מ	ש	ר	א	פ	ר
ג	ג	ת	י	י	ל	ע	ת	ס	פ	ה	ר	ק	ת
ד	ג	צ	מ	ד	ל	ת	ת	ע	ע	ת	ד	ת	ע
ר	ן	ת	ה	ט	ג	ג	ס	ן	ס	ע	ח	צ	ג
ג	ב	ק	י	ר	א	ט	ל	ר	ם	ב	י	ו	א
ג	ת	ר	ר	ג	ה	ט	ש	ף	ן	ר	ט	ם	ת
ת	ד	ש	פ	ב	ש	ל	א	ש	ש	ס	ש	א	ר
ס	ה	ג	ס	ג	ד	ש	ן	א	ה	ט	ף	ת	נ

מטאטא
ספריה
חדר
אח
מפתחות
גדר
מטבח
מקלחת
חלון
מוסך

עליית גג
גן
מנורה
מראה
קיר
תקרה
דלת
וילונות
שטיח
גג

80 - Légumes

ב	ס	ט	ת	ם	נ	מ	ד	פ	ח	ם	ם	ש	כ
ר	ג	מ	ר	ט	ה	י	ל	י	ז	ו	ר	ט	פ
ו	י	ב	ע	מ	י	ס	ב	פ	נ	ש	ז	פ	ע
ק	נ	ל	ע	ן	י	ר	ל	ס	פ	ב	ג	ג	ל
ו	ג	ם	ן	ה	ר	ן	צ	ט	נ	ו	ש	כ	ע
ל	ר	ש	ט	ג	ט	ע	ב	ח	נ	כ	ן	ל	ג
י	נ	ה	נ	ו	פ	א	צ	נ	ו	ן	ח	פ	ב
ח	ה	מ	ן	ב	ל	ד	ל	ע	ת	ג	ף	ת	נ
א	ר	ט	י	ש	ו	ק	ה	ח	י	ר	פ	ו	י
ט	ת	ן	א	ט	ף	א	ר	ב	ז	ג	צ	ל	י
מ	ש	ר	ס	ת	ת	ט	ת	נ	פ	ד	ט	א	ה
א	ה	ג	ד	ן	ד	ת	ש	ה	א	ר	ח	ש	נ
א	צ	ע	צ	ג	ם	ט	ל	ר	ר	ט	מ	ח	צ
ן	ב	ד	ט	ל	ח	ט	מ	ג	ג	ח	צ	י	ל

שום
ארטישוק
חציל
ברוקולי
גזר
סלרי
פטרייה
דלעת
מלפפון
שאלות

תרד
ג'ינג'ר
לפת
בצל
זית
פטרוזיליה
אפונה
צנון
סלט
עגבנייה

81 - Plage

צ	פ	ל	ג	מ	כ	ת	ב	ג	מ	ס	ח	ה	נ
ן	א	ף	ש	פ	נ	ל	ו	ח	נ	ד	ו	ף	כ
כ	ן	כ	ע	ר	ף	ו	ח	ד	א	י	פ	ה	ם
ס	ל	ר	ג	ש	ן	ת	ל	ט	א	ם	ש	ט	מ
ס	ר	ט	ן	י	ט	י	ל	ו	ח	כ	ה	ע	ח
ו	ב	צ	ח	ת	ם	נ	ם	א	פ	נ	נ	ב	ח
נ	ם	א	ח	ל	ג	ו	נ	ה	ט	ל	ל	צ	ש
י	ד	ן	ב	ש	מ	ש	א	צ	ג	ט	ג	ב	נ
י	מ	ם	מ	ם	ח	ח	ן	ס	צ	ף	ב	ט	ס
ק	ח	ן	ף	ח	ג	ף	ש	ד	ב	ס	ם	י	ל
ו	ל	ן	ע	ט	ה	ח	צ	א	ל	ר	ר	ש	מ
א	כ	ר	ב	ן	ב	מ	ט	ר	י	ה	ח	ס	צ
ל	ח	כ	נ	ן	צ	א	מ	פ	ף	ו	נ	ב	ל
ט	ם	י	ז	ג	פ	ג	ט	כ	ת	ט	ג	ע	ש

סירה
כחול
פגזים
חוף
סרטן
עגן
אי
לגונה
ים
לשחות

אוקיינוס
מטריה
שונית
חול
סנדלים
מגבת
שמש
חופשה
מפרשית

82 - Famille

א	א	נ	צ	ט	ב	ם	ג	צ	ן	ג	נ	ג	ח
ר	ט	ב	ם	ב	ד	ב	ת	ו	ד	ל	י	ט	ס
ן	צ	ע	ע	א	מ	י	א	ת	ב	ס	ע	ט	ג
א	ח	ו	ת	ב	ח	י	ע	ה	ה	כ	ט	ר	א
ב	ח	ג	צ	א	ן	מ	ל	ח	פ	ן	ד	ב	ב
ס	ס	מ	ט	ר	ג	נ	ע	ד	ת	ע	ן	ש	ן
א	א	ן	ן	ס	ב	פ	ב	ו	י	ן	י	ר	ס
ן	כ	י	נ	ס	ת	ח	ס	ד	נ	ם	ל	מ	ר
ל	ן	ו	מ	ד	ק	ב	א	ו	י	ה	ד	ו	ד
צ	י	ף	נ	ה	ש	א	ל	ד	י	ל	מ	ד	כ
ם	י	ע	ת	ה	י	פ	ט	ן	ח	ם	מ	ד	ע
ס	ח	נ	ח	נ	ר	ח	מ	ב	א	א	ש	ג	ח
ן	א	א	ב	ה	י	ה	ע	ן	ח	ן	ט	ת	ח
ש	ם	ר	ד	פ	נ	ן	ג	א	כ	ת	ב	ע	ט

בעל
אימהי
אימא
אחיין
אחיינית
דוד
אבהי
אבא
אחות
דודה

אב קדמון
בן דוד
ילדות
ילד
ילדים
אשה
בת
אח
סבתא
סבא

83 - Oiseaux

ר ת ע ת ח א ע נ ח פ פ ת נ מ
צ ו י ג ג א ו ה ד י ס ח ש ד
ח כ ע ן ש ל ף פ ב ר ב ו ר ט
ב י ן צ ח ט ל כ צ ב ר ר מ ד
ר א ב ג ף מ צ ט צ ד מ ז ר ל
ו נ ה ד י ת ג ב ג ט ו ו ס פ
ו ק ן נ ט ה פ נ א ב ר ו ם פ
ז ש ג ה צ י ב מ פ ה מ א י ס
כ ו ת נ ת י ר ע צ צ ר נ ט ט
צ ר ף ו ש ק ו ט כ כ ג ב כ ח
ט ע פ י ח ו ע ב ם ו כ א ת כ
ת ב ע א כ ק פ פ ו ר מ ן ח ס
ד ד ס ס ל פ ה י מ כ פ ד צ ט
ר ל ט ו ק א ן ע מ ב ח ג ר פ

נשר
יען
ברווז
חסידה
עורב
קוקייה
ברבור
פלמינגו
אנפה
פינגווין

דרור
שחף
ביצה
אווז
טווס
תוכי
שקנאי
יונה
עוף
טוקאן

84 - Disciplines Scientifiques

ד ט ת מ ב ה ק י נ כ מ ט א א
ע צ ר י י י פ ה צ ר ע ר ס ב
ב פ מ נ ו מ צ י ת ט כ ט ח ת
ס א ו ר כ י ת ג ל א ר ט מ פ
ו י ד ל י כ מ ו ו ו ד ה ס א
צ מ י ו מ ט ת ל נ ה כ י ח נ
י ו נ ג י ן ו ו ד ח כ ג ח ט
ו נ מ י ה ג מ ק ת ו א ו ר ו
ל ו י ה י י ן א ל נ א ל מ מ
ו ל ק ה ה ף ט ו נ ל כ ו ם י
ג ו ה ס ת ש ג א ר ש ף א ר ה
י ג ש מ ט י ת ב ו ט נ י ק ה
ה י מ ם ה ת ו נ ש ל ב ג ה ב
ת ה ה ע ה י ג ו ל ו ר י ו נ

אנטומיה
ארכאולוגיה
אסטרונומיה
ביוכימיה
בוטניקה
כימיה
אקולוגיה
גיאולוגיה

אימונולוגיה
בלשנות
מכניקה
מינרלוגיה
נוירולוגיה
פסיכולוגיה
סוציולוגיה
תרמודינמיקה

85 - Univers

א	ל	א	ת	ש	ע	א	ן	מ	פ	ע	מ	א	ה
ו	ם	ס	ם	י	ב	א	ש	ש	ע	ס	ן	ס	מ
ו	פ	ט	ק	ג	ש	מ	ם	ם	ל	ק	ב	ט	י
י	ח	ר	ו	כ	ב	ר	ן	ו	ג	ו	ח	ר	ס
ר	ף	ו	ס	כ	ד	ח	ל	א	ל	ה	י	ו	פ
ה	ט	א	מ	ג	ל	ו	י	ף	ק	מ	ר	נ	ר
ס	ל	י	י	ש	מ	ש	ם	ק	ס	ש	ח	ו	ה
ה	ס	ד	ע	ה	כ	ך	ו	פ	י	ו	ד	מ	מ
ל	ק	ט	ס	נ	א	ר	נ	ו	ה	ו	ע	י	ל
ח	ו	ש	ש	ח	ו	ו	ו	א	פ	ה	ג	ה	פ
ע	פ	ף	ד	ח	פ	א	ר	ך	ו	פ	י	ה	ט
א	ל	כ	ב	ע	א	ח	ט	ל	ד	ג	כ	ם	ע
ה	ר	כ	ר	ש	צ	ה	ס	ד	מ	כ	צ	ח	נ
ט	ש	ם	ף	ר	כ	פ	א	מ	ע	ר	ה	ס	ס

אסטרואיד
אסטרונום
אסטרונומיה
אווירה
רקיע
קוסמי
קו המשווה
גלקסיה
המיספרה
אופק

קו רוחב
אורך
ירח
חושך
מסלול
שמש
היפוך
טלסקופ
גלוי

86 - Géographie

מ	ה	פ	מ	ל	ב	א	ף	צ	ב	ע	כ	ף	ר
ד	ר	ה	ס	ע	ט	ם	ש	נ	א	ר	א	א	ם
י	ה	פ	כ	ד	ע	ו	ל	ם	א	ט	ל	ס	י
נ	נ	ם	א	ה	ע	י	ר	ל	ף	ף	י	ע	ע
ה	א	ז	ו	ר	ש	ד	ש	פ	ש	ח	א	ם	ה
ס	מ	צ	ב	ר	ע	מ	ג	ש	ג	ש	ת	ן	ן
ו	ב	ר	ד	מ	ד	צ	ו	צ	ס	ט	ף	פ	צ
נ	ם	ל	ה	ר	ס	פ	ב	ד	ה	ח	צ	ע	ד
י	ב	ש	ת	י	ב	ו	ה	ר	פ	ס	י	מ	ה
י	ח	נ	צ	ד	ר	ן	א	ט	ע	ב	צ	פ	ל
ק	ו	ש	ע	י	ם	ר	צ	ם	כ	ן	ה	ת	ת
ו	ר	ל	ד	א	ן	ב	ס	מ	ט	ס	פ	ה	ן
א	ו	ע	ה	ן	ס	ס	ר	כ	ש	א	ס	ע	ף
ס	ק	מ	ש	ה	ע	ע	צ	ב	ע	ם	ר	ן	ת

גובה
אטלס
מפה
יבשת
נהר
המיספרה
אי
קו רוחב
ים
מרידיאן

עולם
הר
צפון
אוקיינוס
מערב
מדינה
אזור
דרום
שטח
עיר

87 - Bâtiments

נ	א	מ	ב	ה	ח	נ	ן	א	ה	ר	ג	ף	ר
ר	ו	א	פ	ד	ח	א	צ	מ	ע	צ	ה	נ	ט
ע	נ	ל	ת	י	א	ט	ר	ו	ן	צ	פ	ע	ת
ג	י	ר	מ	ג	ד	ל	ש	פ	א	צ	ף	ה	ל
כ	ב	ל	ן	י	ף	ג	ף	פ	ו	ם	ס	א	מ
ס	ר	ג	ו	ה	ד	ב	ע	מ	ה	ר	פ	ו	ב
ו	ס	ן	א	פ	נ	ס	ו	ר	ל	ע	ס	י	פ
פ	י	ת	י	צ	ב	ד	נ	ר	ב	ך	ת	ט	ת
ר	ט	ט	ז	מ	ט	ת	ל	ג	ד	ח	א	ן	ר
מ	ה	ט	ו	ה	ף	א	ו	נ	ו	ה	ר	י	ד
ר	מ	י	מ	ט	א	ט	ק	ל	נ	ל	ע	פ	מ
ק	א	ר	ן	ו	ל	מ	י	ר	פ	ס	ת	י	ב
ט	ף	ה	ס	ד	ג	ם	ת	ו	ר	י	ר	ג	ש
ה	ע	ם	ס	ת	נ	צ	מ	ן	ן	ף	ט	ט	ג

שגרירות
דירה
תא
טירה
קולנוע
בית ספר
מוסך
אסם
בית חולים
מלון

מעבדה
מוזיאון
המצפה
אצטדיון
סופרמרקט
אוהל
תיאטרון
מגדל
אוניברסיטה
מפעל

88 - Activités et Loisirs

ת	ב	ל	ש	מ	נ	ד	נ	פ	ב	נ	ת	ת	ת
ח	ה	י	י	ח	ש	ד	ם	ר	ס	מ	כ	ת	ל
ב	צ	ע	י	ג	ר	מ	ל	ף	ע	ר	ו	ד	כ
י	ט	ע	ת	ס	י	נ	ט	ו	ד	א	נ	פ	ח
ב	ש	י	ר	א	ב	צ	פ	ר	ר	ת	ץ	ה	א
י	ף	מ	ו	צ	ה	ו	ב	ג	י	נ	ו	ן	נ
ם	צ	ע	ן	ל	ש	ה	ל	י	ל	צ	ר	ב	ר
א	מ	נ	ו	ת	י	ט	ג	א	ס	א	י	א	ס
צ	פ	כ	פ	ק	ל	ם	ר	ד	ר	ע	מ	ן	ע
ף	פ	ג	ם	מ	ג	צ	ו	ת	ו	ע	י	ס	נ
ם	ר	ד	ג	פ	ת	א	ד	ט	ד	צ	י	ו	ר
ג	ו	ל	ף	י	כ	ף	כ	נ	כ	ס	צ	מ	ע
צ	י	כ	ב	נ	נ	ת	ל	א	ח	צ	ד	ר	ש
ג	ם	ד	ס	ג	מ	צ	ח	ש	פ	ר	ר	ה	ע

אמנות
בייסבול
כדורסל
איגרוף
קמפינג
מירוץ
כדורגל
גולף
גינון
שחייה

תחביבים
ציור
דיג
צלילה
טיולים
מרגיע
גלישה
טניס
כדורעף
נסיעות

89 - Livres

צ	ג	ף	ח	ת	א	ה	ל	כ	ל	ס	פ	ל	ס
ס	פ	ר	ו	ת	י	ת	מ	ר	ח	ג	ה	ט	ה
מ	נ	א	ו	ס	ף	ס	ל	ת	ס	ה	ר	י	ש
ת	ן	ג	ט	ט	ד	מ	ע	ה	נ	ם	ן	ג	ד
ס	ח	ו	ה	ר	פ	ת	ק	ה	א	צ	מ	ה	מ
ח	ר	ל	ה	ש	ה	ו	ק	מ	נ	ר	ו	א	ב
י	ו	א	ס	ק	ו	י	ו	ס	א	א	ר	ד	צ
ג	פ	מ	ש	ה	מ	ל	ר	ם	ן	פ	ם	ד	כ
ר	י	ח	ם	ד	ו	א	א	ד	ן	ש	ן	מ	א
ט	ס	ן	ם	ת	ר	ו	י	ט	נ	ו	ו	ל	ר
ל	ב	ב	ד	ן	י	ד	ס	ן	י	י	ר	ק	מ
פ	ן	נ	ט	ת	ס	ד	א	ט	נ	ט	ם	ח	ד
ל	ה	ש	כ	ת	ט	פ	פ	נ	ג	ב	ב	כ	ל
פ	ן	ש	ת	ת	י	ג	י	ש	י	ר	ט	צ	ג

קורא
ספרותית
קריין
דף
רלוונטי
שיר
שירה
רומן
סדרה
טרגי

מחבר
הרפתקה
אוסף
הקשר
דואליות
אפי
סיפור
היסטורי
הומוריסטי
המצאה

90 - Pays #2

פ	ל	ט	ם	נ	ל	ם	א	ג	ח	פ	ף	מ	ח
ע	ה	א	י	נ	ד	ו	נ	ז	י	ה	ר	ט	ה
ם	צ	ש	ס	ק	ג	ג	ם	ס	ח	ה	מ	ר	מ
ב	ה	ע	נ	נ	ן	מ	ה	ר	ס	י	ב	מ	ב
צ	פ	י	ד	ב	ע	י	ש	ב	ק	ר	מ	נ	ד
ר	ה	ה	צ	ב	ם	י	ל	ב	נ	ו	ן	פ	י
פ	ה	ד	ע	צ	ע	ק	פ	ד	פ	ס	י	ף	ף
ת	נ	כ	ע	ת	נ	ה	ג	ק	ו	פ	ס	ן	ג
א	י	ט	י	א	ה	י	י	ן	ק	ע	מ	ד	פ
ל	א	ם	ח	ח	ן	ס	ב	ה	י	ל	מ	ו	ס
ב	ר	ח	נ	נ	ט	ו	ח	ל	ס	ל	א	ס	ב
נ	ק	ל	ס	ן	ל	ר	צ	א	ק	ש	פ	ט	מ
י	ו	ד	נ	ל	ר	י	א	ו	מ	ע	צ	צ	ל
ה	א	פ	ב	ב	ן	ע	ל	ס	ס	ט	ת	ט	ן

אלבניה
סין
דנמרק
צרפת
האיטי
אינדונזיה
אירלנד
ג'מייקה
יפן
קניה

לאוס
לבנון
מקסיקו
אוגנדה
פקיסטן
רוסיה
סומליה
סודן
סוריה
אוקראינה

91 - Fournitures d'Art

ט	ם	ע	ם	ב	ר	כ	ם	ל	ם	ה	ג	נ	ע
ר	ח	ל	י	ש	ל	ה	ן	מ	ש	ת	א	ת	פ
פ	ח	ם	מ	י	ם	ח	ד	צ	ף	ן	א	ד	ר
א	ע	ר	י	צ	כ	ת	ס	ם	י	צ	ג	ט	ו
ק	ד	ש	ע	נ	י	י	ר	י	ם	ו	י	ד	נ
ר	ת	א	ב	י	ת	ף	מ	ע	ר	ן	ר	ב	ו
י	צ	א	צ	מ	ו	ח	ט	ב	ר	ט	ם	ק	ת
ל	ן	ט	א	ח	י	נ	ת	צ	ר	נ	כ	נ	ט
י	ם	ר	א	ק	ת	ה	ו	א	ט	ש	ח	ג	ב
ק	ח	ר	ס	מ	ר	מ	מ	ת	ה	א	ו	ע	ל
צ	ד	פ	י	ם	י	ל	ט	ס	פ	ה	נ	ת	ה
ן	א	ט	כ	ס	צ	צ	ם	ד	ע	ם	מ	נ	ת
ט	ה	ה	ח	פ	י	מ	ג	ג	ס	ג	ם	ח	ר
ע	ד	ש	פ	מ	ם	כ	מ	ח	ג	כ	ן	ם	כ

אקריליק
צבעי מים
חרס
מברשות
מצלמה
כיסא
פחם
כן ציור
דבק
צבעים

עפרונות
יצירתיות
מים
דיו
מחק
שמן
רעיונות
נייר
פסטלים
טבלה

92 - Jazz

א	ט	א	ב	ף	צ	נ	ל	ש	ף	ג	ף	ף	כ
נ	ל	כ	נ	פ	ט	ע	ה	ק	י	נ	כ	ט	י
ה	ה	ב	ס	ת	ן	ב	ג	ר	ו	ת	ל	א	ש
ר	ר	ן	ו	נ	ג	ס	צ	י	כ	נ	מ	ל	ר
ם	ד	מ	ל	ם	ש	ה	פ	ש	ב	ב	ו	ר	ו
ח	ב	א	ם	י	פ	ו	ת	ג	מ	ס	ז	פ	ן
נ	ד	ע	ס	פ	ד	ל	ט	ק	ל	ל	י	א	י
ש	מ	ש	ר	ד	פ	ו	א	ו	ל	ש	ק	ן	ח
ק	צ	ב	ו	ע	פ	ס	ח	נ	כ	ב	ה	נ	ל
ג	ס	ש	פ	ו	ה	צ	ם	צ	ע	נ	ל	ה	מ
ל	ל	ת	מ	מ	פ	ת	כ	ר	נ	א	ז	ס	ט
ת	ז	מ	ו	ר	ת	י	ד	ט	מ	ן	צ	כ	א
ד	ח	א	צ	ג	ס	ש	ן	א	ה	ב	ד	ת	ח
ח	ם	ל	ע	ס	ג	ן	ת	ע	ב	נ	ל	א	נ

אלבום
אמן
מפורסם
שיר
מלחין
הרכב
קונצרט
מועדפים
ז'אנר
אלתור

מוזיקה
חדש
תזמורת
קצב
סולו
סגנון
כישרון
תופים
טכניקה
ישן

93 - Paysages

ה	ל	ח	ש	נ	א	ד	ם	ם	מ	מ	ג	ש	מ
ס	צ	ש	ב	ד	ף	א	ג	ג	ח	פ	א	ט	ם
ם	ד	ף	ם	ה	ת	י	א	י	מ	ל	צ	פ	ב
ח	ח	ח	ס	י	ף	ן	ח	מ	י	מ	ף	ם	ף
ה	ל	פ	מ	ם	ל	ה	ב	מ	ן	ז	ת	ש	א
ב	פ	ש	פ	ך	ה	ר	ג	ע	ש	נ	ר	ט	ל
כ	פ	א	ד	ה	ר	ד	נ	ו	ט	ג	נ	ת	ף
ע	ד	נ	ח	א	ה	ר	ב	ד	מ	נ	ט	ף	ם
ת	צ	ח	א	מ	נ	צ	ג	ב	ע	ה	י	מ	ע
צ	ב	צ	ו	ס	ו	נ	י	י	ק	ו	א	ע	ת
ע	מ	ק	א	א	פ	ת	ב	ב	ב	א	ה	ר	ס
ע	ן	ף	ז	מ	א	ל	ס	צ	ף	נ	י	ה	ע
צ	ח	ש	י	ג	ב	ט	כ	נ	ס	ו	צ	א	ת
ב	ה	מ	ס	ד	ן	ל	ט	ת	ן	ו	ח	ר	ק

ביצה
ים
הר
אואזיס
אוקיינוס
חצי האי
חוף
טונדרה
עמק
הר געש

מפל
גבעה
מדבר
שפך
נהר
גייזר
מערה
קרחון
אי
אגם

94 - Pays #1

ה	פ	י	ל	י	פ	י	נ	י	ם	נ	ל	ח	ת
ף	ג	מ	ר	ו	ק	ו	ג	כ	ט	ן	ם	ע	ס
פ	ף	נ	א	ה	א	ו	ג	ר	ק	י	נ	ל	ל
ג	ר	מ	נ	י	ה	נ	י	ט	נ	ג	ר	א	א
פ	ו	ס	א	נ	ף	ד	ל	ה	ן	ו	ד	ע	פ
ח	ד	פ	מ	מ	ן	ב	נ	ף	ף	נ	ב	מ	ג
נ	ו	ר	צ	ו	ד	ו	ה	ק	ה	צ	ת	פ	נ
ן	ו	ד	ל	ר	ל	א	ר	ש	י	ו	ה	נ	י
מ	ק	ח	ר	מ	נ	ו	א	ד	ף	א	ל	ב	ס
ת	א	ר	נ	ף	מ	א	ב	א	נ	ל	ח	ג	ט
ע	ט	ל	ב	ר	ז	י	ל	ם	ע	ה	ב	צ	ן
ם	א	ן	י	ל	ו	פ	פ	נ	מ	ה	פ	ף	ל
ג	פ	י	נ	ל	נ	ד	ג	ש	ס	ט	ר	ג	ט
נ	ו	ר	ו	ו	ג	י	ה	מ	ם	ן	צ	ע	צ

אפגניסטן
גרמניה
ארגנטינה
ברזיל
קנדה
ספרד
אקוודור
פינלנד
הודו
ישראל

לוב
מאלי
מרוקו
ניקרגואה
נורווגיה
פנמה
הפיליפינים
פולין
רומניה
ונצואלה

95 - Nombres

ש	ש	ב	ד	כ	ף	ט	ן	נ	ס	ח	ת	ש	ש
נ	ת	ם	ש	ב	א	צ	פ	ן	נ	ג	ש	ש	ש
י	י	ם	ט	ע	ג	ג	א	ר	ב	ע	ב	ל	ם
ם	י	ה	ר	ש	ע	ע	ב	ש	ש	ש	ו	ף	ל
ע	ם	ר	ש	ת	ט	א	ם	ר	ל	ש	ף	ף	פ
ש	א	ש	ב	ת	ש	ש	ה	א	ש	ר	ה	כ	ת
ר	ר	ע	ע	ש	ם	א	ף	פ	מ	ח	ף	ע	ש
כ	ב	ש	צ	ר	ס	ר	ן	ס	ו	ש	ש	ף	ע
ע	ע	ו	ל	י	ר	ד	ד	ע	נ	ס	פ	ח	פ
פ	ה	ל	ה	נ	ו	מ	ש	ש	ה	ש	מ	ח	ד
ע	ע	ש	מ	ו	ל	ר	ע	ר	ע	ר	ת	ה	ג
נ	ש	ם	ן	ר	ל	ח	מ	י	ש	ה	ע	ש	ר
פ	ר	ג	א	ש	ד	ר	ה	ם	ר	ר	ר	פ	פ
ש	ר	ש	ע	ע	ן	ה	ר	ש	ע	ע	ש	ת	ר

ארבעה עשר
ארבע
חמישה עשר
שש עשרה
שבע
שש
שלוש עשרה
שלוש
עשרים
אפס

חמש
שתיים
עשרוני
עשר
שמונה עשר
תשע עשרה
שבע עשרה
שנים עשר
שמונה
תשע

96 - Psychologie

ח	ה	ת	נ	ה	ג	ו	ת	ו	ש	ג	נ	ת	ה
ו	ס	ת	ף	ה	י	צ	י	נ	ג	ו	ק	ו	ע
ו	י	ה	כ	ר	ע	ה	ל	א	מ	ו	ד	ע	ע
י	פ	ח	ם	ה	ס	ה	ג	ד	ש	ח	ע	פ	ל
ו	ת	ו	ב	ש	ח	מ	ח	ב	נ	א	ח	ש	ם
ת	ו	ח	ת	ו	ד	ל	י	ת	ש	ט	ם	ה	ר
ו	י	ל	ו	ח	ט	ד	א	ת	ו	א	י	צ	מ
ש	ש	ו	נ	ת	ח	ג	ר	צ	ב	ל	נ	ן	ע
ג	י	מ	ו	נ	ו	פ	ח	נ	ע	ת	י	ג	ר
ר	א	ו	י	ט	ה	ד	ב	פ	י	ט	ל	ה	ש
ת	ר	ת	ע	ס	ש	א	פ	ף	ה	ו	ק	ד	פ
ר	ר	נ	ר	פ	א	ה	צ	ד	פ	נ	ד	ב	ש
פ	ל	ח	ח	ט	ב	ף	פ	י	מ	מ	ט	ה	ד
ף	כ	ן	ם	ף	ף	א	ט	פ	ב	צ	ת	מ	ע

לא מודע
השפעות
מחשבות
תפיסה
אישיות
בעיה
מציאות
חלומות
תחושה
טיפול

קליני
קוגניציה
התנהגות
התנגשות
אגו
ילדות
חוויות
רגשות
הערכה
רעיונות

97 - Nature

ף	ר	ד	פ	ף	ש	ס	מ	ש	מ	ע	ת	א	ס
מ	ר	ת	ף	ט	ל	ק	מ	ל	ע	ח	ר	ם	ל
ם	ש	ח	ת	ף	ו	ל	ם	י	ט	ק	ר	א	י
ח	ד	א	ע	ל	ו	צ	נ	ו	ב	ט	א	נ	ע
ה	ר	י	ם	י	ה	ד	ב	ו	ר	י	ם	צ	ר
ד	ג	ר	ב	פ	ו	ע	ָ	ל	.	י	ם	ת	ס
ל	י	ה	ד	ו	כ	פ	ע	ר	פ	ל	ש	ד	ף
ן	ן	נ	ר	ר	ה	ע	י	ד	נ	ן	ח	ס	צ
פ	ט	ד	מ	ט	ש	כ	ם	ה	ט	ה	י	ע	מ
מ	ח	ר	כ	י	ע	ה	ת	כ	ם	ד	ק	ח	א
ח	י	ו	נ	י	ד	נ	ן	ב	צ	פ	ה	ל	ח
ח	י	ו	ת	ע	נ	פ	נ	ת	ס	ר	ב	ד	מ
ש	נ	ע	ט	ר	ם	מ	ן	י	ט	א	ל	כ	ן
ק	ר	ח	ו	ן	ד	ע	ף	ב	ם	י	ח	ר	ן

יער
קרחון
הרים
עננים
שליו
מקלט
פראי
שלווה
טרופי
חיוני

דבורים
חיות
ארקטי
יופי
ערפל
מדבר
דינמי
שחיקה
עָלים
נהר

98 - Chimie

ט ה ת ן ף ל מ ע א נ ז י ם ח
ב ג ט ג ע ן מ ח פ צ ן ף ו ל
פ מ צ ז מ י ר כ ל ד נ מ ח מ
מ ף א ן מ י ן צ מ ח צ ה צ מ
מ ת כ ו ת ל ס ח ח ה ל ם צ י
ט ב ט ר ן ק ר ח ד ר ו ל כ מ
מ א ר ט ח ל ג נ ט ח ג ק מ ן
פ ע ף ק מ א פ ף ח ת כ ש צ ח
ר א נ ל ם י נ י ע ר ג מ ג ת
ט ה ו א ת ש ר א ת ה ם פ ת ד
ו ן ז ב ט א מ ב י ז ר ז ת ש
ר ד ל מ ו ל ק ו ל ה ר ר ג ל
ה ב ן ן מ ה ן מ ש ד ח ש ם ב
ד פ ל ט ע ט ג מ נ ס כ ס ד ן

מימן
יון
נוזל
מתכות
מולקולה
גרעיני
חמצן
משקל
מלח
טמפרטורה

חומצה
אלקליין
אטומי
פחמן
זרז
חום
כלור
אנזים
אלקטרון
גז

99 - Bateaux

ב מ ל ח ע ס ף צ ף א ס ק ת ד
ר פ ב ד ם י ק ט ת צ א כ ס צ
נ ר ח ס ה ר י כ ר נ ן ג ו ע
ה ש ן נ ם מ א ם ו י מ י נ מ
פ י ג ת נ ש ק ר ב ג פ ט י צ
ש ת ס ו נ ע ן פ ע ח נ ן י ב
מ ו ע ו פ ס א ס מ ד ט כ ק ד
ת א ם צ ב ג מ ו ף ו צ מ ו ל
מ ג ל י ם ת כ ד ן ר ו ת א ג
מ נ ה ט כ א י ה ש פ ל ל א נ
ת א מ ל ש ה ש ג ש צ ע ט צ ט
ח כ ה ל מ ח צ ח ח ל ב ד ט ד
ע ש ח נ ל נ פ ט ש נ ב ש ט ל
כ ע ד ר ס ר ה נ ל ט ב ה ן ט

מלח
תורן
ים
מנוע
ימי
אוקיינוס
רפסודה
גלים
מפרשית
יאכטה

עוגן
מצוף
קאנו
חבל
צוות
מעבורת
נהר
קיאק
אגם
גאות

100 - Mesures

ט	ל	ק	ה	ד	ב	נ	ב	ש	נ	א	ד	נ	ח
ו	ר	י	נ	י	מ	ש	מ	ד	ג	ו	ב	ה	ת
ן	ג	ל	ת	י	נ	ו	ר	ש	ע	נ	ר	ט	מ
נ	ר	ו	ם	ר	ג	ו	ל	י	ק	ק	ט	ש	ב
ס	ם	מ	ש	ת	מ	ר	ף	ה	ט	י	י	ח	פ
ח	ע	ט	ן	ע	ס	א	ר	ס	ע	י	ל	ם	כ
א	ו	ר	ך	פ	ה	ק	מ	ו	ע	ת	ק	ל	ד
ל	ד	כ	ף	א	ק	ב	כ	ח	ר	ץ	ש	ט	ב
ן	נ	נ	ת	א	ד	ף	א	ו	כ	נ	מ	ת	מ
נ	ד	ת	ל	ס	ח	ע	ח	ה	ס	י	ו	ם	ם
ש	ן	צ	כ	ן	פ	ב	פ	ת	פ	א	ל	ע	ג
ט	ר	ט	ש	ח	א	ס	נ	ר	ר	ס	ד	ף	ר
ה	ל	צ	נ	ף	צ	ג	ח	צ	ש	ר	ש	ר	א
ר	ט	מ	י	ט	נ	ס	פ	א	ט	א	ה	צ	א

מסה
מטר
דקה
בית
אונקיית
משקל
אינץ
עומק
טון
נפח

סנטימטר
תואר
עשרוני
גרם
גובה
קילוגרם
קילומטר
רוחב
ליטר
אורך

1 - Adjectifs #2

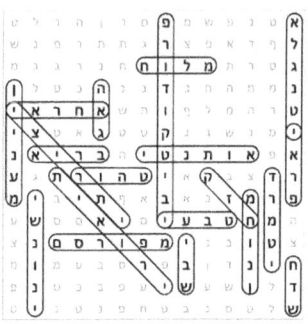

2 - Formes

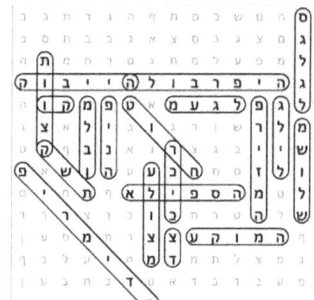

3 - Force et Gravité

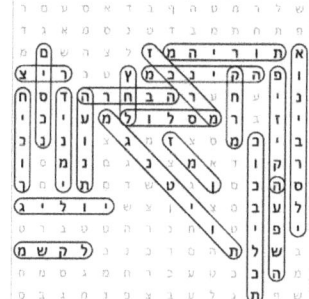

4 - Adjectifs #1

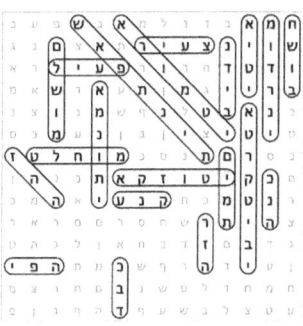

5 - Instruments de Musique

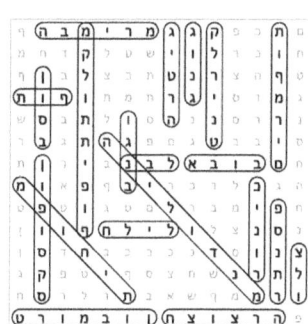

6 - Échecs

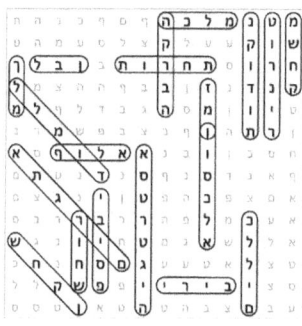

7 - Herboristerie

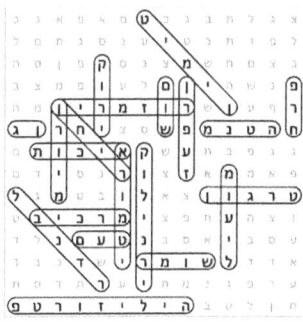

8 - Véhicules

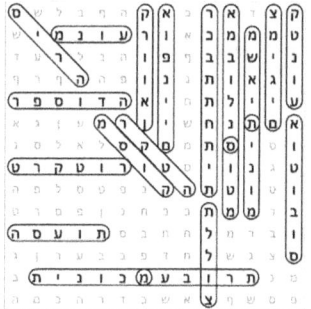

9 - Camping

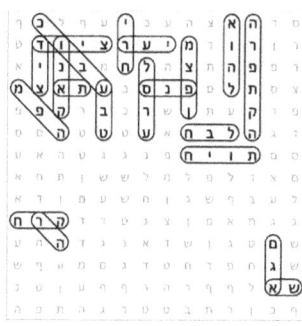

10 - Géométrie

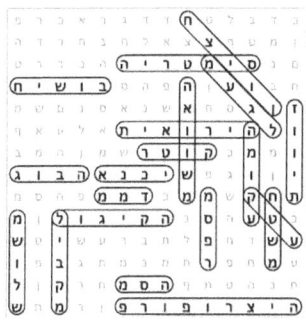

11 - Les Médias

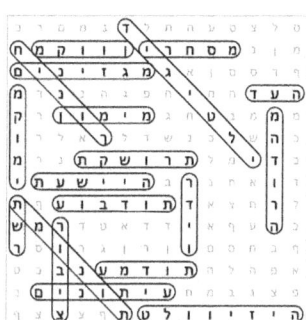

12 - Philanthropie

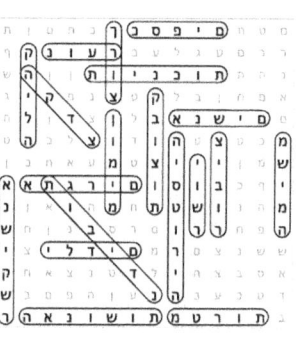

13 - Diplomatie

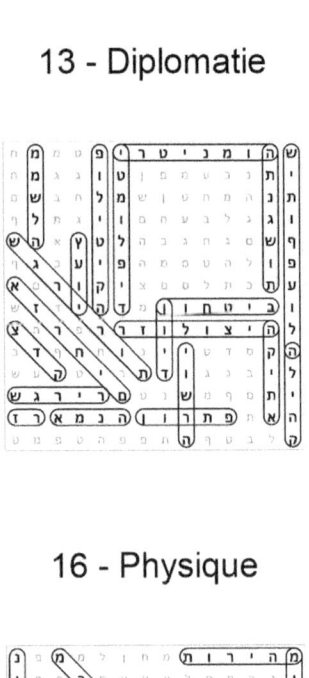

14 - Électricité

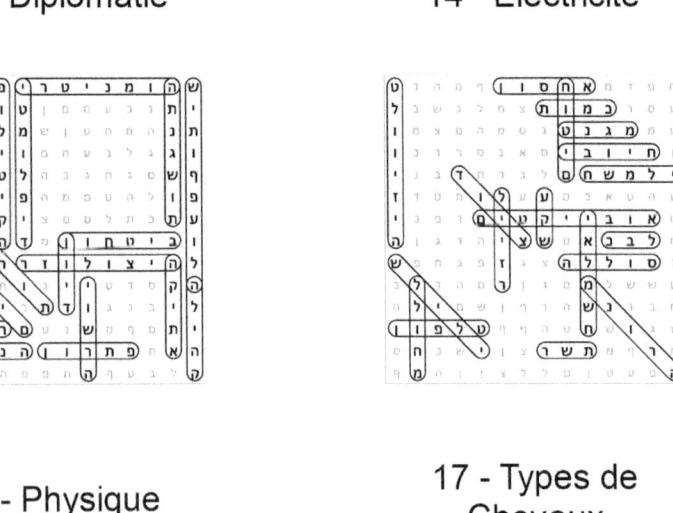

15 - Astronomie

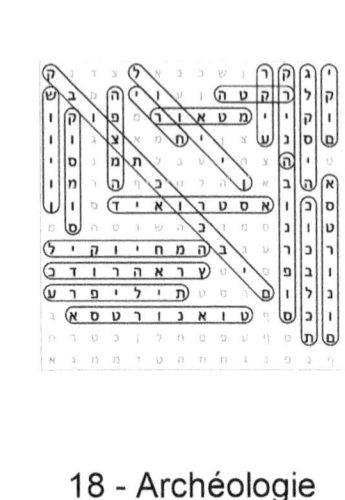

16 - Physique

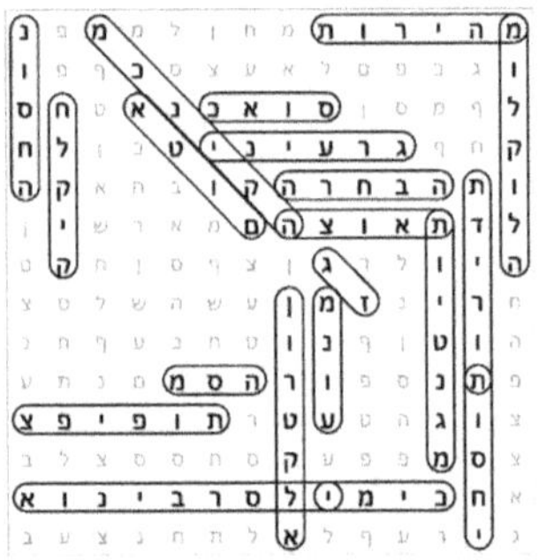

17 - Types de Cheveux

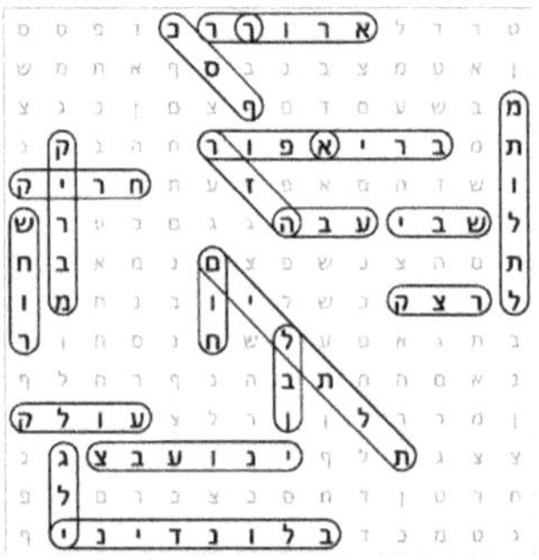

18 - Archéologie

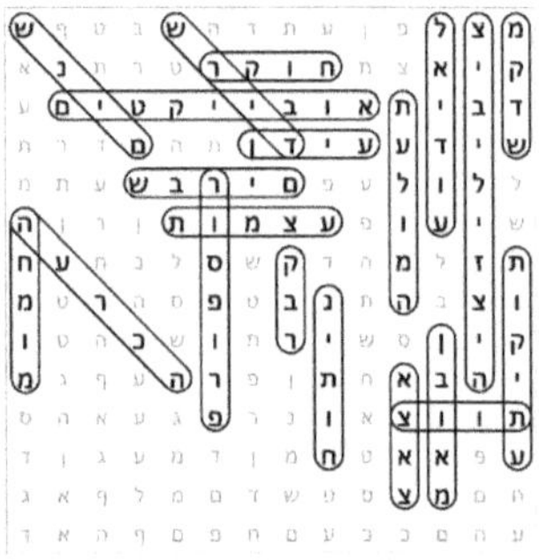

19 - Restaurant #1

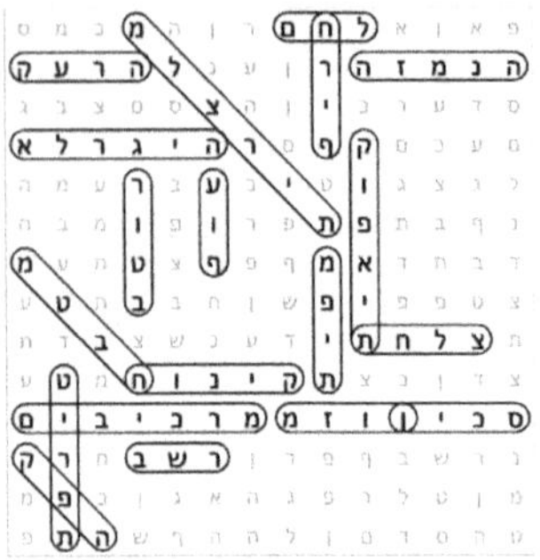

20 - Mammifères

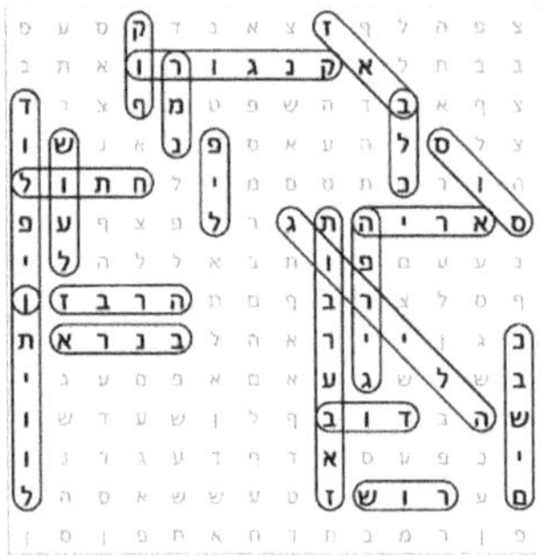

21 - Chocolat

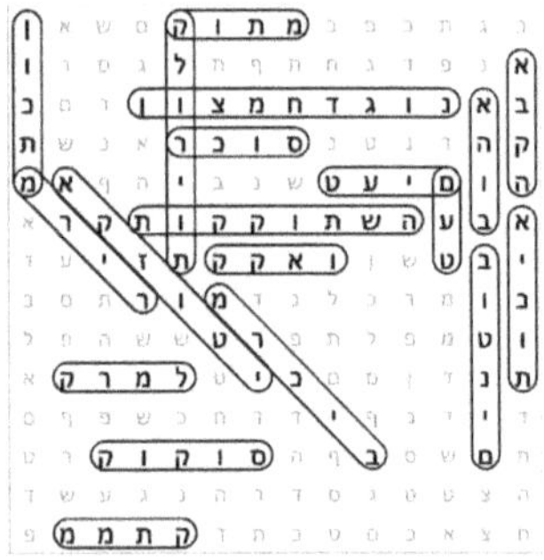

22 - Mathématiques

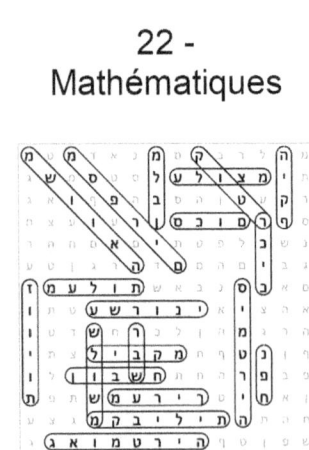

23 - Sport

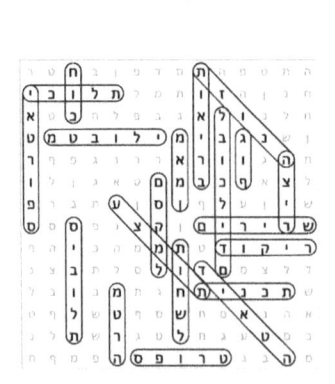

24 - Mythologie

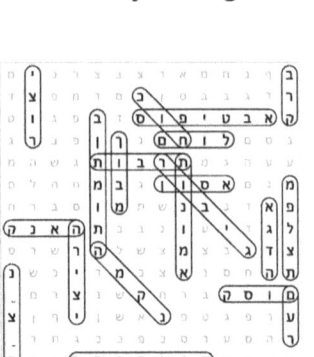

25 - Restaurant #2

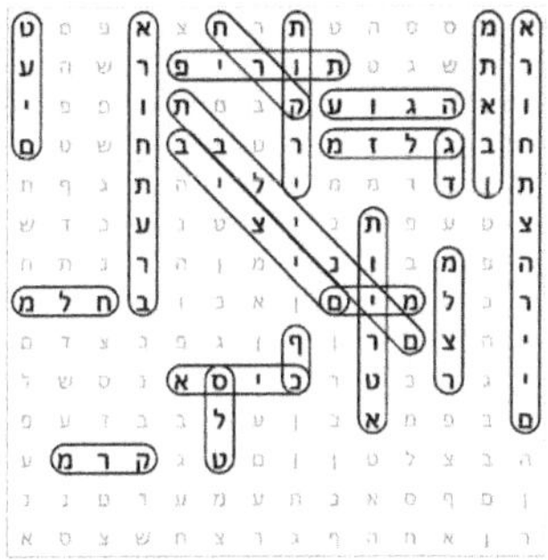

26 - Beauté

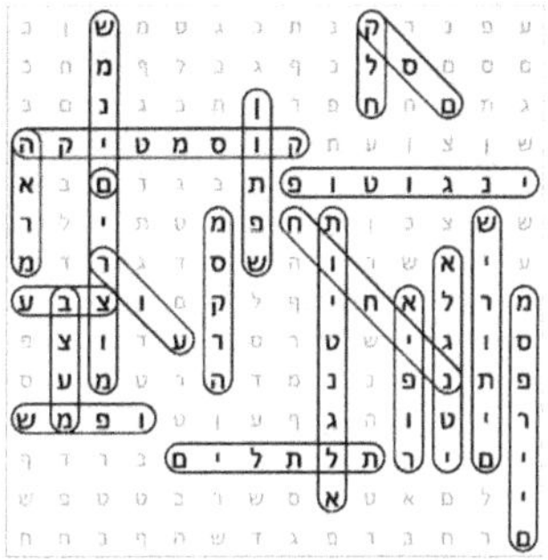

27 - Avions

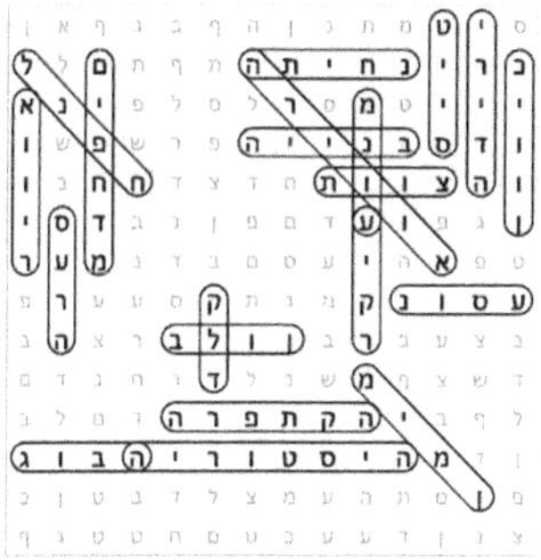

28 - Aventure

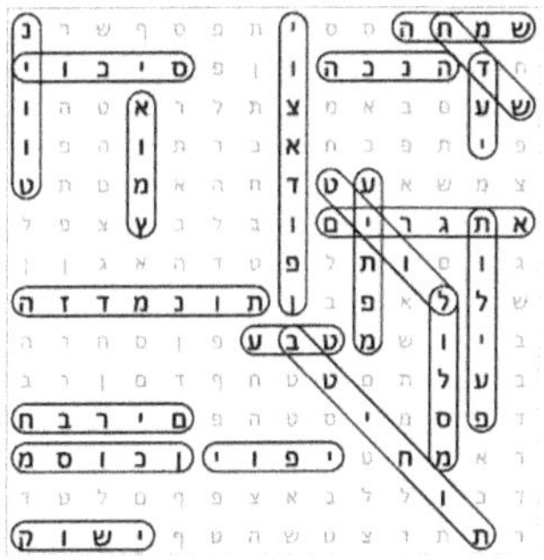

29 - Ville

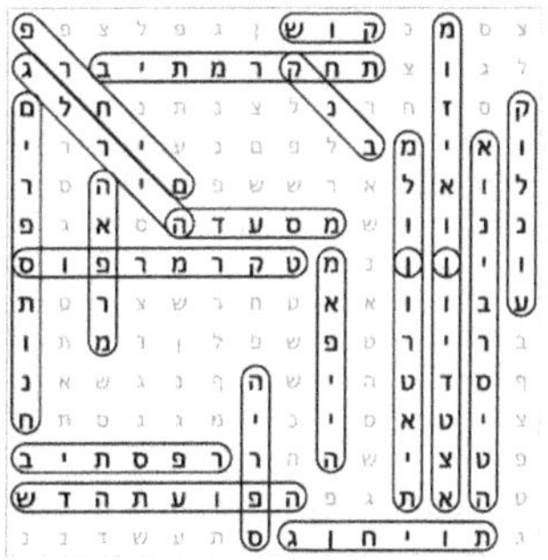

30 - Ingénierie

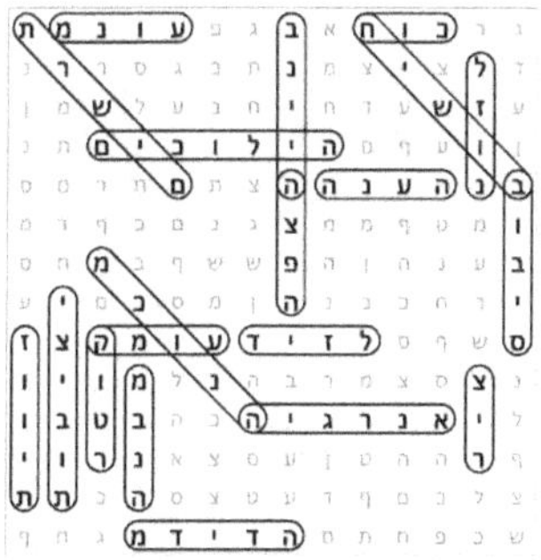

31 - Énergie

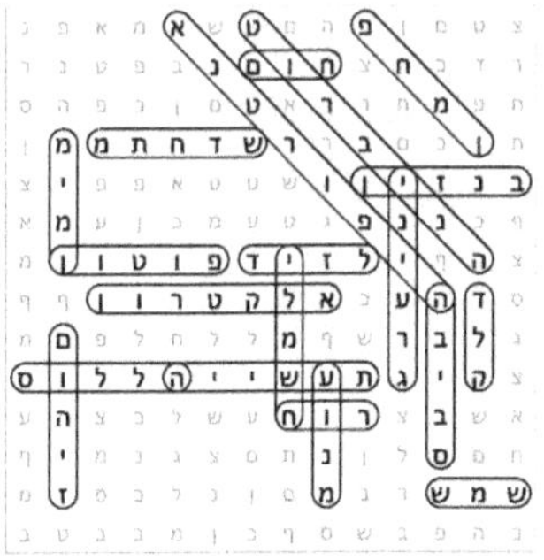

32 - Cuisine

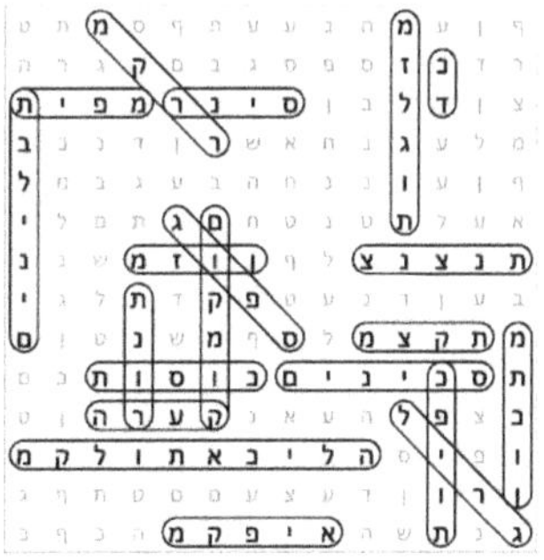

33 - Corps Humain

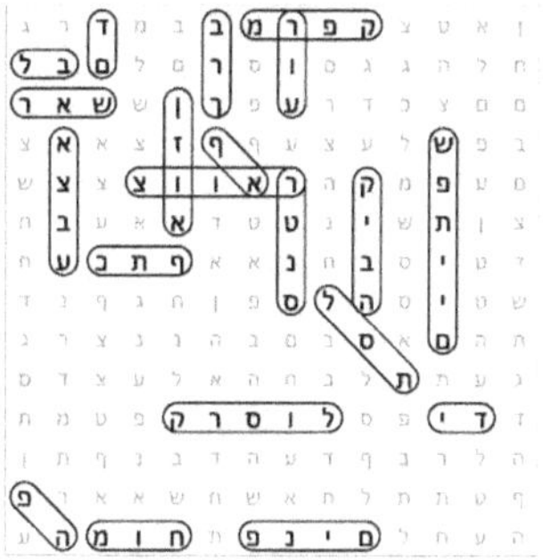

34 - Épices

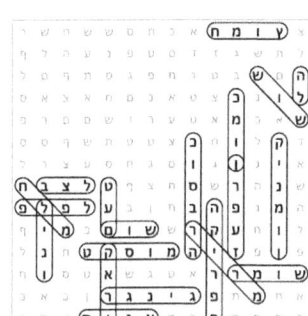

35 - Science

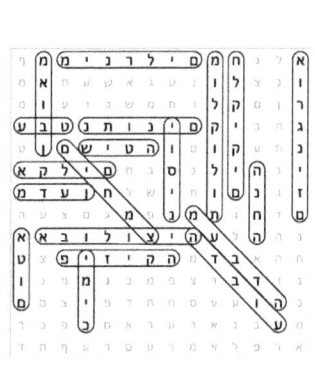

36 - Vêtements

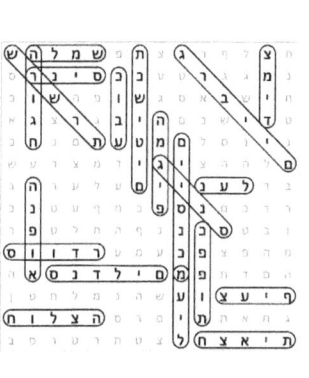

37 - Méditation

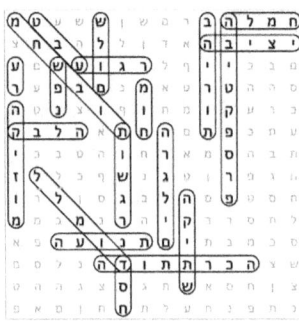

38 - Littérature

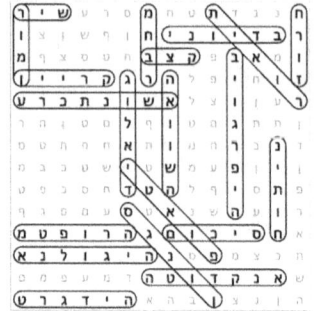

39 - Nourriture #1

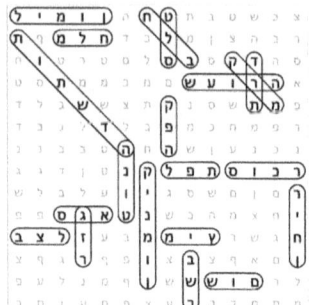

40 - Jours et Mois

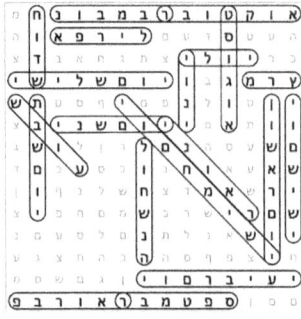

41 - Jardinage

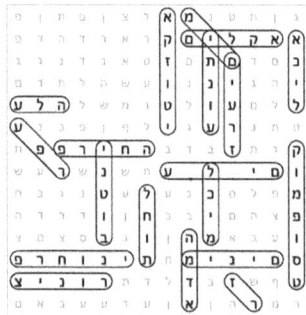

42 - Entreprise

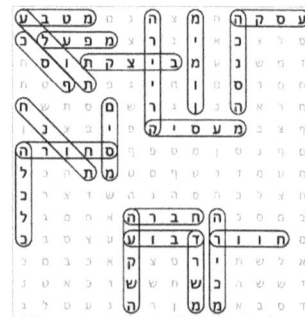

43 - Activités

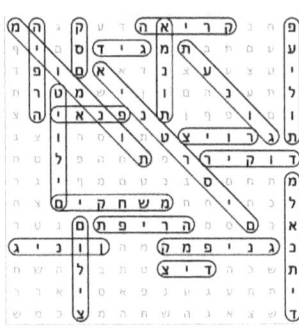

44 - Mode

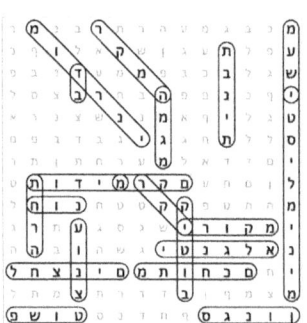

45 - Fleurs

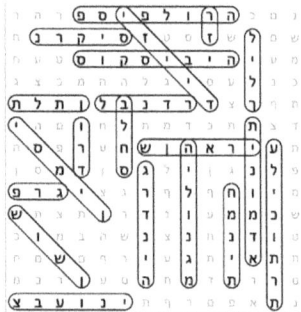

46 - Nourriture #2

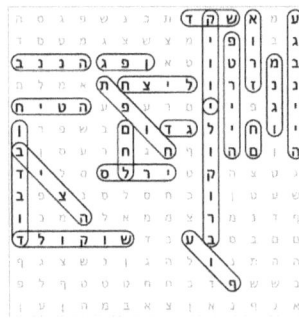

47 - Algèbre

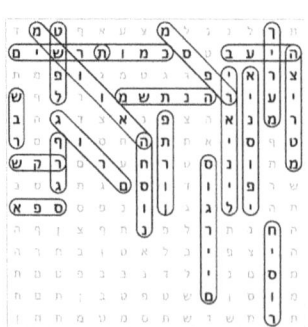

48 - Océan

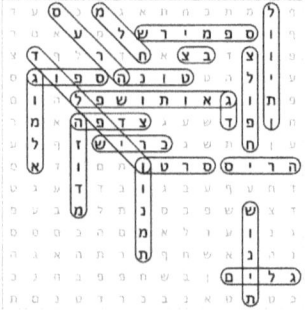

49 - Antiquités

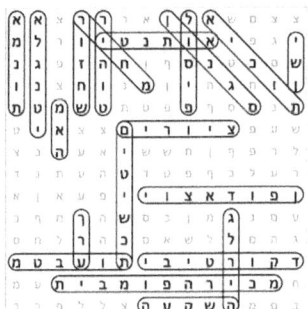

50 - Boxe

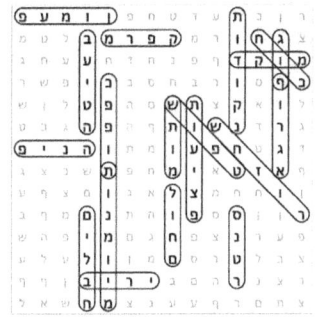

51 - Ballet

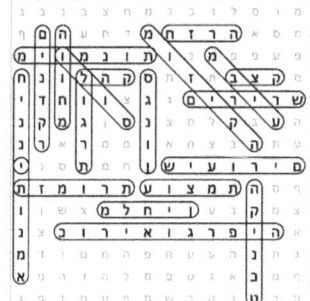

52 - Fruit

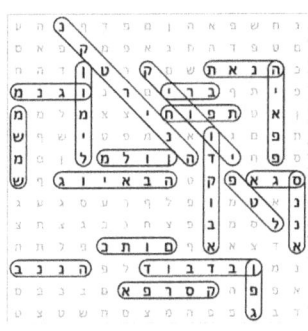

53 - Musique

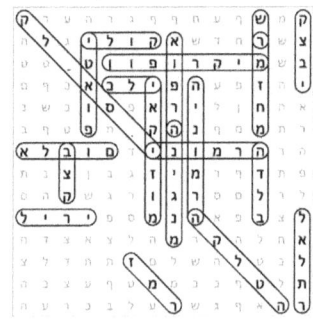

54 - Météo

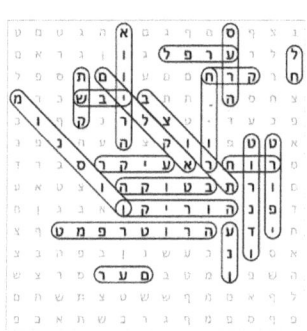

55 - L'Entreprise

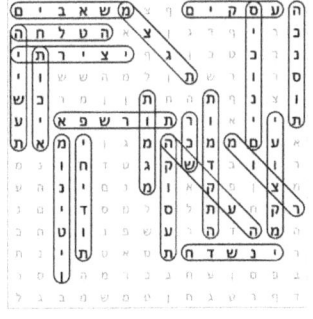

56 - Gouvernement

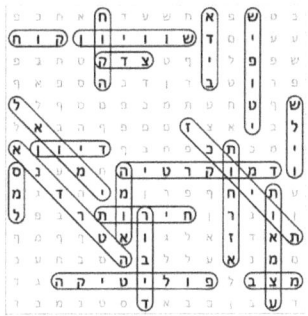

57 - Randonnée

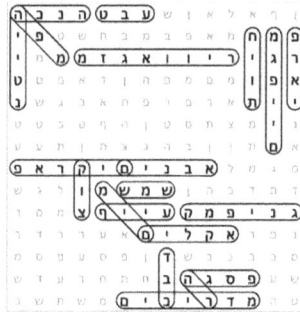

58 - Nutrition

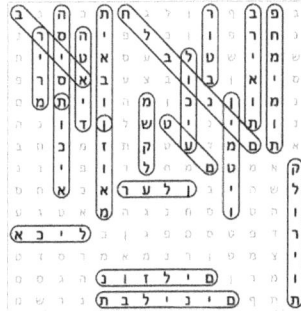

59 - Créativité

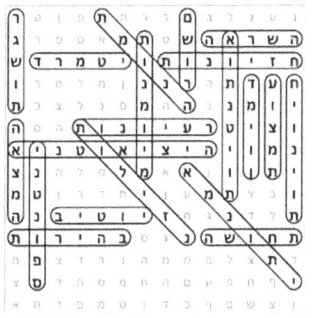

60 - Science Fiction

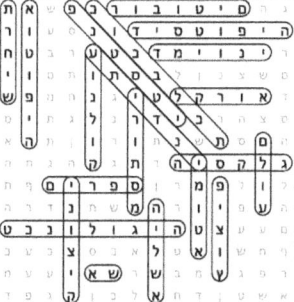

61 - Professions #1

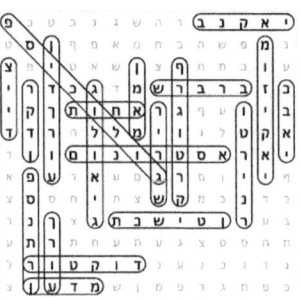

62 - Géologie

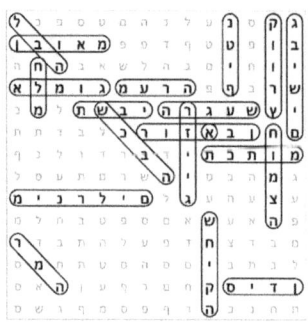

63 - Jardin

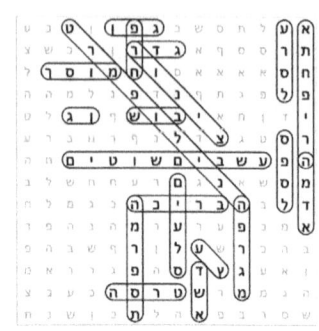

64 - Santé et Bien Être #1

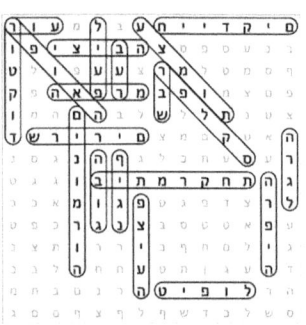

65 - Barbecues

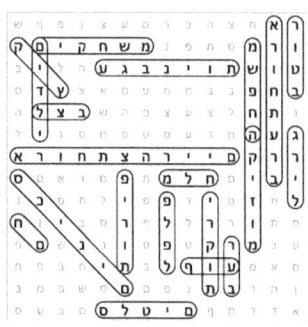

66 - Animaux de Compagnie

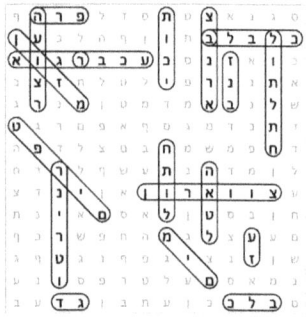

67 - Forêt Tropicale

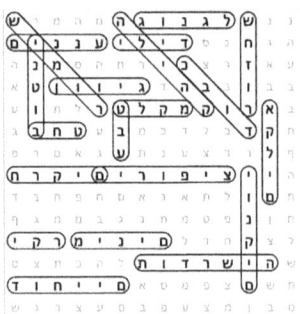

68 - Ferme #1

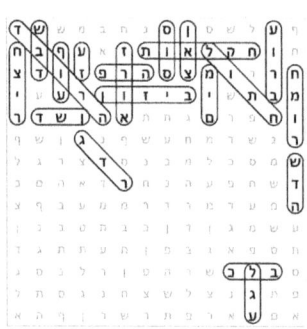

69 - Antarctique

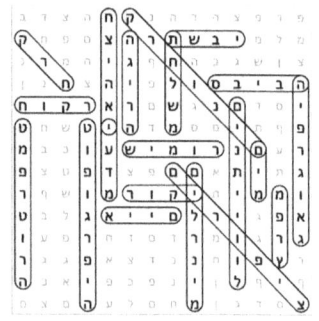

70 - Professions #2

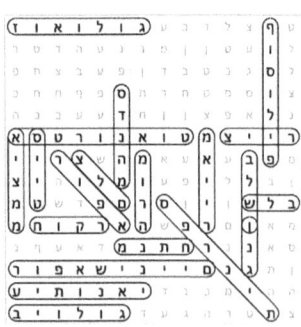

71 - Les Abeilles

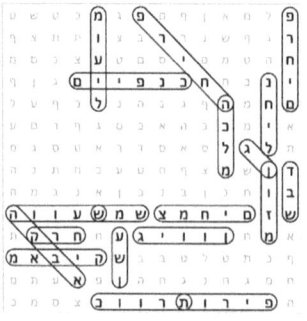

72 - Santé et Bien Être #2

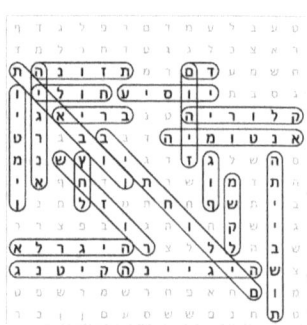

73 - Conduite

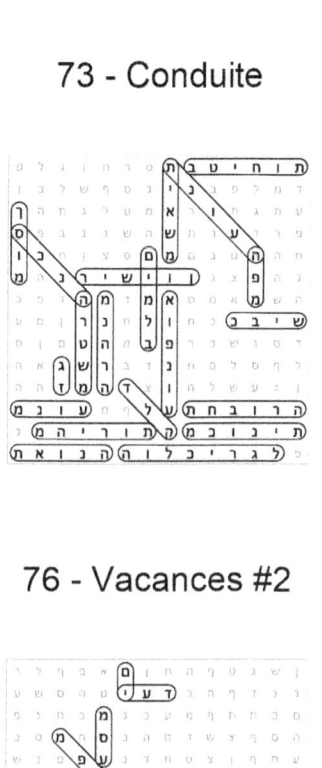

74 - Plantes

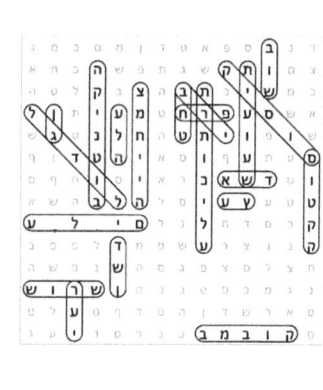

75 - Ferme #2

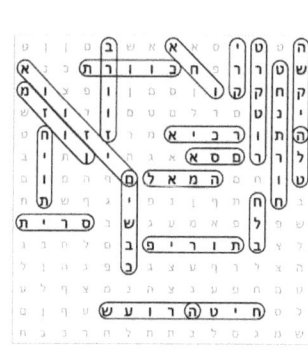

76 - Vacances #2

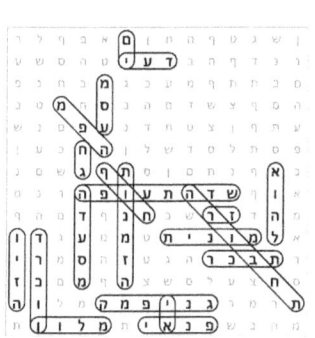

77 - Éthique

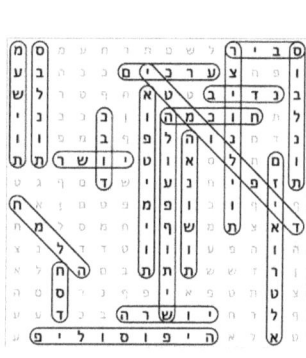

78 - Temps

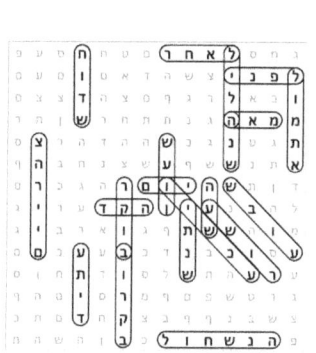

79 - Maison

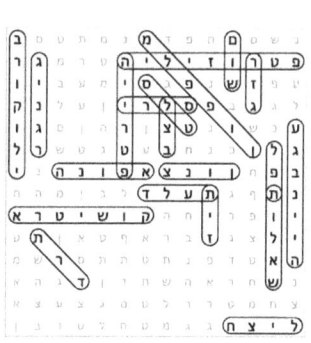

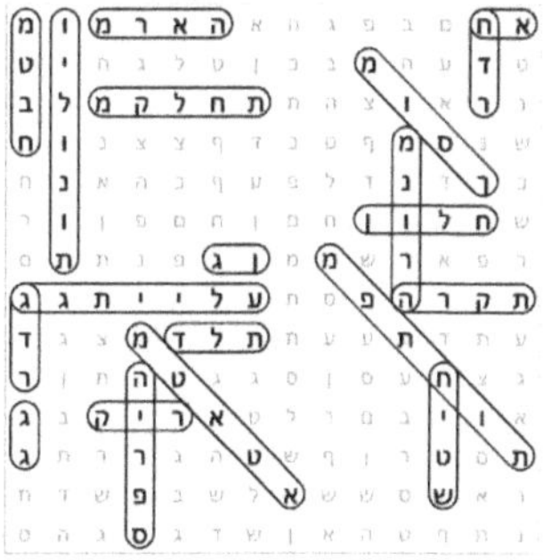

80 - Légumes

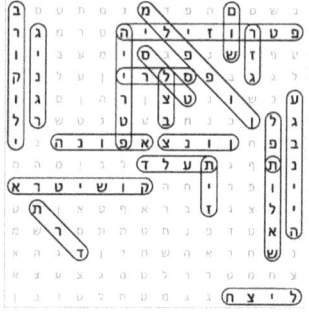

81 - Plage

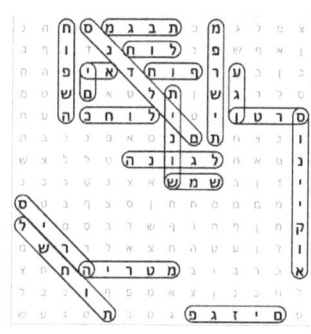

82 - Famille

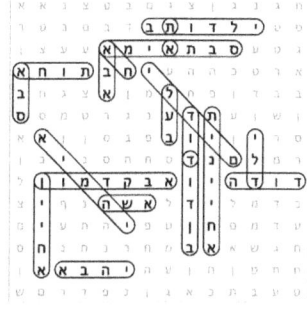

83 - Oiseaux

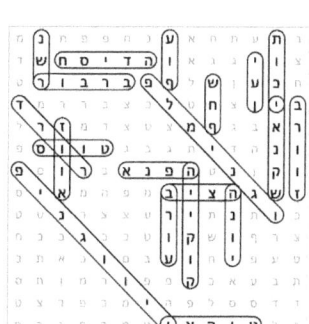

84 - Disciplines Scientifiques

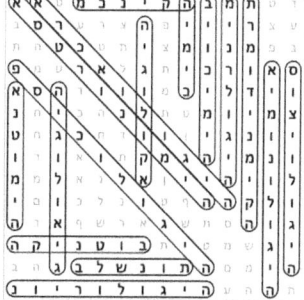

85 - Univers

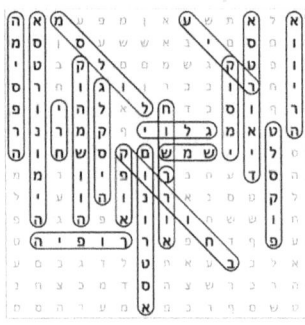

86 - Géographie

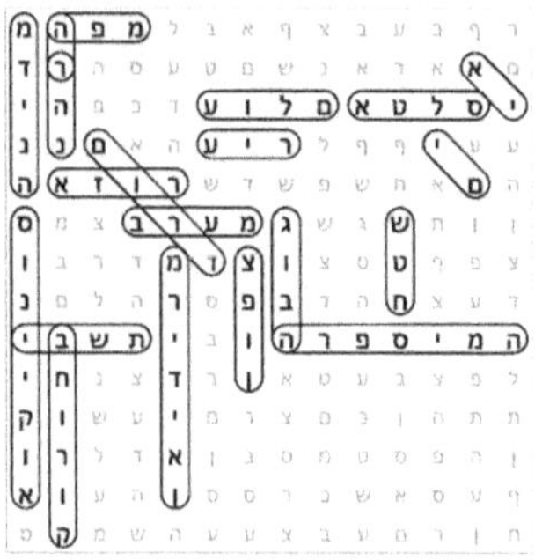

87 - Bâtiments

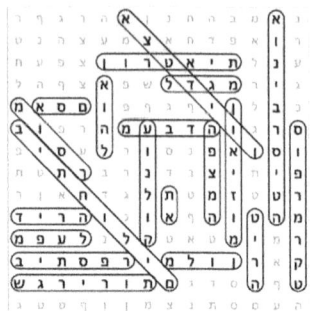

88 - Activités et Loisirs

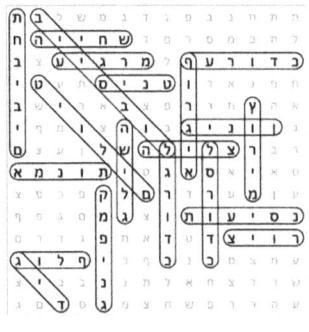

89 - Livres

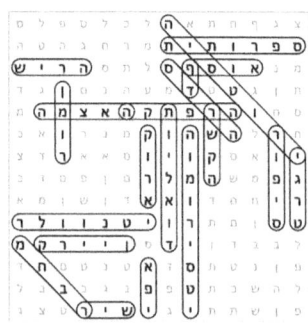

90 - Pays #2

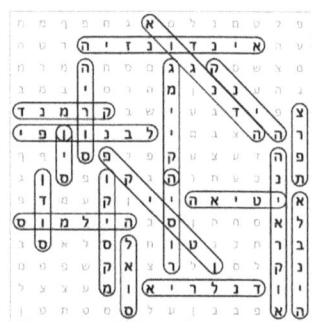

91 - Fournitures d'Art

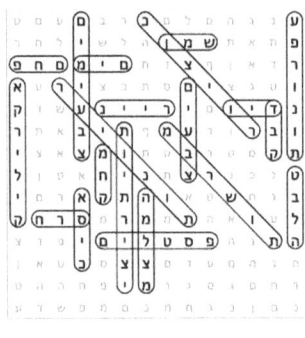

92 - Jazz

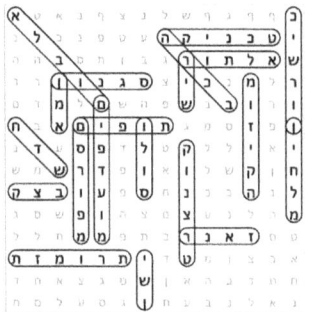

93 - Paysages

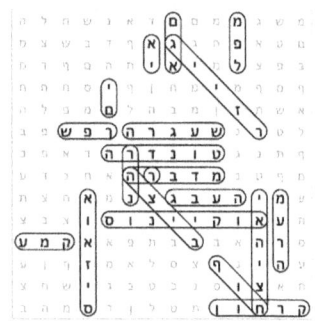

94 - Pays #1

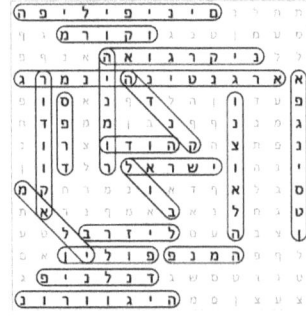

95 - Nombres

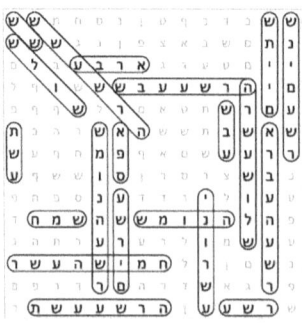

96 - Psychologie

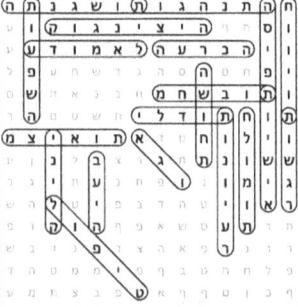

97 - Nature

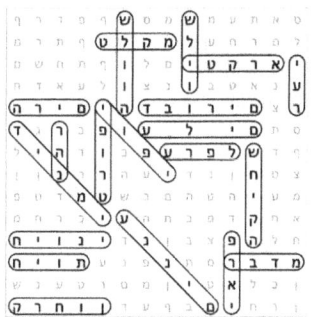

98 - Chimie

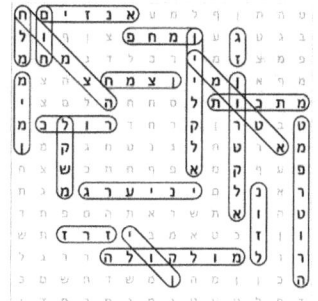

99 - Bateaux

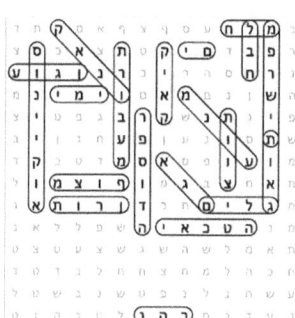

100 - Mesures

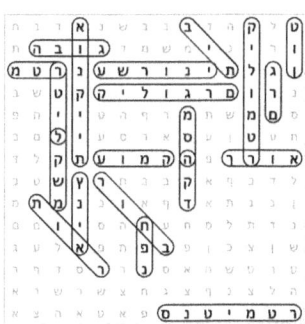

Dictionnaire

Activités

פעילויות

Activité	פעילות
Art	אמנות
Artisanat	מלאכת יד
Camping	קמפינג
Chasse	ציד
Compétence	מיומנות
Couture	תפירה
Danse	ריקוד
Intérêts	אינטרסים
Jardinage	גינון
Jeux	משחקים
Lecture	קריאה
Loisir	פנאי
Magie	קסם
Peinture	ציור
Pêche	דיג
Photographie	צילום
Plaisir	תענוג
Randonnée	טיולים
Relaxation	הרפיה

Activités et Loisirs

פעילויות ופנאי

Art	אמנות
Base-Ball	בייסבול
Basket-Ball	כדורסל
Boxe	איגרוף
Camping	קמפינג
Course	מירוץ
Football	כדורגל
Golf	גולף
Jardinage	גינון
Nager	שחייה
Passe-Temps	תחביבים
Peinture	ציור
Pêche	דיג
Plongée	צלילה
Randonnée	טיולים
Relaxant	מרגיע
Surf	גלישה
Tennis	טניס
Volley-Ball	כדורעף
Voyage	נסיעות

Adjectifs #1

שמות תואר #1

Absolu	מוחלט
Actif	פעיל
Ambitieux	שאפתנית
Aromatique	ארומטי
Artistique	אמנותי
Attractif	אטרקטיבי
Beau	יפה
Exotique	אקזוטי
Énorme	ענק
Généreux	נדיב
Honnête	כנה
Identique	זהה
Important	חשוב
Innocent	תמים
Jeune	צעיר
Lent	איטי
Lourd	כבד
Mince	רזה
Moderne	מודרני
Parfait	מושלם

Adjectifs #2

שמות תואר #2

Authentique	אותנטי
Célèbre	מפורסם
Créatif	יצירתי
Descriptif	תיאורי
Doué	מחונן
Dramatique	דרמטי
Élégant	אלגנטי
Fier	גאה
Fort	חזק
Intéressant	מעניין
Naturel	טבעי
Nouveau	חדש
Productif	פרודוקטיבי
Pur	טהור
Responsable	אחראי
Sain	בריא
Salé	מלוח
Sauvage	פראי
Sec	יבש
Somnolent	ישנוני

Algèbre

אלגברה

Diagramme	תרשים
Exposant	מעריך
Équation	משוואה
Facteur	גורם
Faux	שקר
Formule	נוסחה
Fraction	שבר
Graphique	גרף
Infini	אינסופי
Linéaire	ליניארי
Matrice	מטריצה
Nombre	מספר
Parenthèse	סוגריים
Problème	בעיה
Quantité	כמות
Simplifier	לפשט
Solution	פתרון
Soustraction	חיסור
Variable	משתנה
Zéro	אפס

Animaux de Compagnie

חיות מחמד

Chat	חתול
Chaton	חתלתול
Chèvre	עז
Chien	כלב
Chiot	כלבלב
Collier	צווארון
Eau	מים
Griffes	טפרים
Hamster	אוגר
Laisse	רצועה
Lapin	ארנב
Lézard	לטאה
Nourriture	מזון
Perroquet	תוכי
Poisson	דג
Queue	זנב
Souris	עכבר
Tortue	צב
Vache	פרה
Vétérinaire	וטרינר

Antarctique
הקיטקראטנא

Baie	מפרץ
Baleines	לווייתנים
Chercheur	חוקר
Conservation	שימור
Continent	יבשת
Eau	מים
Environnement	סביבה
Expédition	משלחת
Géographie	גיאוגרפיה
Glace	קרח
Glaciers	קרחונים
Îles	איים
Migration	הגירה
Minéraux	מינרלים
Oiseaux	ציפורים
Péninsule	חצי אי
Rocheux	סלעי
Scientifique	מדעי
Température	טמפרטורה
Topographie	טופוגרפיה

Antiquités
עתיקות

Art	אמנות
Authentique	אותנטי
Bijoux	תכשיטים
Décoratif	דקורטיבי
Enchères	מכירה פומבית
Élégant	אלגנטי
Galerie	גלריה
Inhabituel	יוצא דופן
Investissement	השקעה
Meubles	רהיט
Peintures	ציורים
Pièces	מטבעות
Prix	מחיר
Qualité	איכות
Restauration	שחזור
Sculpture	פיסול
Siècle	מאה
Style	סגנון
Valeur	ערך
Vieux	ישן

Archéologie
ארכיאולוגיה

Analyse	ניתוח
Années	שנים
Antiquité	עתיקות
Chercheur	חוקר
Civilisation	ציביליזציה
Descendant	צאצא
Expert	מומחה
Ère	עידן
Équipe	צוות
Évaluation	הערכה
Fossile	מאובן
Fragments	שברים
Inconnu	לא ידוע
Mystère	תעלומה
Objets	אובייקטים
Os	עצמות
Professeur	פרופסור
Relique	שריד
Temple	מקדש
Tombe	קבר

Astronomie
אסטרונומיה

Astéroïde	אסטרואיד
Astronaute	אסטרונאוט
Astronome	אסטרונום
Ciel	רקיע
Constellation	קבוצת כוכבים
Cosmos	קוסמוס
Éclipse	ליקוי חמה
Équinoxe	שוויון
Fusée	רקטה
Galaxie	גלקסיה
Lune	ירח
Météore	מטאור
Nébuleuse	ערפילית
Observatoire	מצפה
Planète	כוכב לכת
Radiation	קרינה
Satellite	לוויין
Supernova	סופרנובה
Terre	כדור הארץ
Univers	יקום

Aventure
הרפתקה

Activité	פעילות
Amis	חברים
Beauté	יופי
Bravoure	אומץ
Chance	סיכוי
Dangereux	מסוכן
Destination	יעד
Défis	אתגרים
Difficulté	קושי
Excursion	טיול
Inhabituel	יוצא דופן
Itinéraire	מסלול
Joie	שמחה
Nature	טבע
Navigation	ניווט
Nouveau	חדש
Opportunité	הזדמנות
Préparation	הכנה
Sécurité	בטיחות
Surprenant	מפתיע

Avions
מטוסים

Air	אוויר
Atmosphère	אווירה
Atterrissage	נחיתה
Aventure	הרפתקה
Ballon	בלון
Carburant	דלק
Ciel	רקיע
Construction	בנייה
Descente	ירידה
Direction	כיוון
Équipage	צוות
Gonfler	לנפח
Hauteur	גובה
Hélices	מדחפים
Histoire	היסטוריה
Hydrogène	מימן
Moteur	מנוע
Passager	נוסע
Pilote	טייס
Turbulence	סערה

Ballet
טלב

Artistique	אמנותי
Chorégraphie	כוריאוגרפיה
Compétence	מיומנות
Compositeur	מלחין
Danseurs	רקדנים
Expressif	מביע
Geste	מחווה
Gracieux	חינני
Intensité	עוצמה
Leçons	שיעורים
Muscles	שרירים
Musique	מוזיקה
Orchestre	תזמורת
Pratique	תרגול
Public	קהל
Répétition	חזרה
Rythme	קצב
Solo	סולו
Style	סגנון
Technique	טכניקה

Barbecues
ברביקיו

Chaud	חם
Couteaux	סכינים
Déjeuner	ארוחת צהריים
Dîner	ארוחת ערב
Enfants	ילדים
Été	קיץ
Faim	רעב
Famille	משפחה
Fruit	פירות
Gril	גריל
Jeux	משחקים
Légumes	ירקות
Musique	מוזיקה
Oignons	בצל
Poivre	פלפל
Poulet	עוף
Salades	סלטים
Sauce	רוטב
Sel	מלח
Tomates	עגבניות

Bateaux
סירות

Ancre	עוגן
Bouée	מצוף
Canoë	קאנו
Corde	חבל
Équipage	צוות
Ferry	מעבורת
Fleuve	נהר
Kayak	קיאק
Lac	אגם
Marée	גאות
Marin	מלח
Mât	תורן
Mer	ים
Moteur	מנוע
Nautique	ימי
Océan	אוקיינוס
Radeau	רפסודה
Vagues	גלים
Voilier	מפרשית
Yacht	יאכטה

Bâtiments
בניינים

Ambassade	שגרירות
Appartement	דירה
Cabine	תא
Château	טירה
Cinéma	קולנוע
École	בית ספר
Garage	מוסך
Grange	אסם
Hôpital	בית חולים
Hôtel	מלון
Laboratoire	מעבדה
Musée	מוזיאון
Observatoire	מצפה
Stade	אצטדיון
Supermarché	סופרמרקט
Tente	אוהל
Théâtre	תיאטרון
Tour	מגדל
Université	אוניברסיטה
Usine	מפעל

Beauté
יפוי

Boucles	תלתלים
Charme	קסם
Ciseaux	מספריים
Cosmétique	קוסמטיקה
Couleur	צבע
Élégance	אלגנטיות
Élégant	אלגנטי
Huiles	שמנים
Lisse	חלק
Maquillage	איפור
Mascara	מסקרה
Miroir	מראה
Parfum	ניחוח
Peau	עור
Photogénique	פוטוגני
Produits	מוצרים
Rouge à Lèvres	שפתון
Services	שירותים
Shampooing	שמפו
Styliste	מעצב

Boxe
אגרוף

Adversaire	יריב
Arbitre	שופט
Blessures	פציעות
Cloche	פעמון
Coin	פינה
Combattant	לוחם
Compétence	מיומנות
Concentrer	מקד
Cordes	חבלים
Corps	גוף
Coude	מרפק
Coup	בעיטה
Épuisé	מותש
Force	כוח
Gants	כפפות
Menton	סנטר
Poing	אגרוף
Points	נקודות
Récupération	שחזור

Camping
תואנחמ

Animaux	תויח
Aventure	הקתפרה
Boussole	ןפצמ
Cabine	את
Canoë	ונאק
Carte	הפמ
Chapeau	עבוכ
Chasse	דיצ
Corde	לבח
Équipement	דויצ
Feu	שא
Forêt	רעי
Hamac	לסרע
Insecte	קרח
Lac	םגא
Lanterne	סנפ
Lune	חרי
Montagne	רה
Nature	עבט
Tente	להוא

Chimie
הימיכ

Acide	הצמוח
Alcalin	ןיילקלא
Atomique	ימוטא
Carbone	ןמחפ
Catalyseur	זרז
Chaleur	םוח
Chlore	רולכ
Enzyme	םיזנא
Électron	ןורטקלא
Gaz	זג
Hydrogène	ןמימ
Ion	ןוי
Liquide	לזונ
Métaux	תוכתמ
Molécule	הלוקלומ
Nucléaire	יניערג
Oxygène	ןצמח
Poids	לקשמ
Sel	חלמ
Température	הרוטרפמט

Chocolat
דלוקוש

Amer	רירמ
Antioxydant	ןוצמח דגונ
Bonbon	קתממ
Cacahuètes	םינטוב
Cacao	ואקק
Calories	תוירולק
Caramel	למרק
Délicieux	םיעט
Doux	קותמ
Envie	תוקקותשה
Exotique	יטוזקא
Favori	בוהא
Goût	םעט
Ingrédient	ביכרמ
Noix de Coco	סוקוק
Poudre	הקבא
Qualité	תוכיא
Recette	ןוכתמ
Sucre	רכוס

Conduite
הגיהנ

Accident	הנואת
Camion	תיאשמ
Carburant	קלד
Carte	הפמ
Danger	הנכס
Freins	םימלב
Garage	ךסומ
Gaz	זג
Licence	ןוישיר
Moteur	עונמ
Moto	עונפוא
Piéton	לגר יכלוה
Police	הרטשמ
Route	שיבכ
Sécurité	תוחיטב
Trafic	העונת
Transport	הרובחת
Tunnel	הרהנמ
Vitesse	תוריהמ
Voiture	תינוכמ

Corps Humain
םדאה ףוג

Bouche	הפ
Cerveau	חומ
Cheville	לוסרק
Cou	ראווצ
Coude	קפרמ
Cœur	בל
Doigt	עבצא
Estomac	הביק
Épaule	ףתכ
Genou	ךרב
Lèvres	םייתפש
Main	די
Mâchoire	תסל
Menton	רטנס
Nez	ףא
Oreille	ןזוא
Peau	רוע
Sang	םד
Tête	שאר
Visage	םינפ

Créativité
תויתריצי

Artistique	יתונמא
Authenticité	תויטנתוא
Clarté	תוריהב
Compétence	תונמוימ
Dramatique	יטמרד
Expression	יוטיב
Émotions	תושגר
Fluidité	תוליזנ
Idées	תונויער
Image	הנומת
Imagination	ןוימד
Impression	םשור
Inspiration	הארשה
Intensité	תמצוע
Intuition	היציאוטניא
Inventif	האצמה
Sensation	השוחת
Spontané	ינטנופס
Visions	תונויזח
Vitalité	תוינויח

Cuisine

חבטמ

Baguettes	הליכא תולקמ
Bol	הרעק
Bouilloire	םוקמוק
Congélateur	איפקמ
Couteaux	םיניכס
Cruche	דכ
Cuillères	תויפכ
Épices	םינילבת
Éponge	גופס
Four	רונת
Fourchettes	תוגלזמ
Gril	לירג
Louche	תקצמ
Nourriture	ןוזמ
Pot	תנצנצ
Recette	ןוכתמ
Réfrigérateur	ררקמ
Serviette	תיפמ
Tablier	ןיניס
Tasses	תוסוכ

Diplomatie

היטמולפיד

Ambassade	תורירגש
Ambassadeur	רירגש
Citoyens	םיחרזא
Communauté	הליהק
Conflit	תושגנתה
Conseiller	ץעוי
Coopération	הלועפ ףותיש
Diplomatique	יטמולפיד
Discussion	ןויד
Éthique	הקיתא
Étranger	רז
Gouvernement	הלשממ
Humanitaire	ירטינמוה
Intégrité	הרשוי
Justice	קדצ
Politique	הקיטילופ
Résolution	היצולוזר
Sécurité	ןוחטיב
Solution	ןורתפ
Traité	הנמא

Disciplines Scientifiques

תויעדמ תונילפיצסיד

Anatomie	הימוטנא
Archéologie	היגולואכרא
Astronomie	הימונורטסא
Biochimie	הימיכויב
Biologie	היגולויב
Botanique	הקינטוב
Chimie	הימיכ
Écologie	היגולוקא
Géologie	היגולואיג
Immunologie	היגולונומיא
Linguistique	תונשלב
Mécanique	הקינכמ
Météorologie	היגולורואטמ
Minéralogie	היגולרנימ
Neurologie	היגולוריונ
Physiologie	היגולויזיפ
Psychologie	היגולוכיספ
Sociologie	היגולויצוס
Thermodynamique	הקימנידומרת
Zoologie	היגולואוז

Entreprise

םיקסע

Argent	ףסכ
Boutique	תונח
Budget	ביצקת
Bureau	דרשמ
Carrière	הריירק
Coût	תולע
Devise	עבטמ
Employeur	קיסעמ
Employé	דבוע
Entreprise	הרבח
Économie	הלכלכ
Finance	ןומימ
Impôts	םיסמ
Investissement	העקשה
Marchandise	הרוחס
Profit	חוור
Revenu	הסנכה
Transaction	הקסע
Usine	לעפמ
Vente	הריכמ

Échecs

טמחש

Adversaire	ביירי
Apprendre	דומלל
Blanc	ןבל
Champion	ףולא
Concours	תורחת
Défis	םירגתא
Diagonal	ןוסכלא
Jeu	קחשמ
Joueur	ןקחש
Noir	רוחש
Passif	יביספ
Points	תודוקנ
Reine	הכלמ
Règles	םיללכ
Roi	ךלמ
Sacrifice	הברקה
Stratégie	היגטרטסא
Temps	ןמז
Tournoi	רינרוט

Électricité

למשח

Aimant	טנגמ
Batterie	הללוס
Câble	לבכ
Électricien	יאלמשח
Électrique	ילמשח
Équipement	דויצ
Fils	םיטוח
Générateur	ללוחמ
Lampe	הרונמ
Laser	רזייל
Négatif	ילילש
Objets	םיטקייבוא
Positif	יבויח
Prise	עקש
Quantité	תומכ
Réseau	תשר
Stockage	ןוסחא
Téléphone	ןופלט
Télévision	היזיוולט

Énergie
היגרנא

Batterie	הללוס
Carbone	ןמחפ
Carburant	קלד
Chaleur	םוח
Diesel	לזיד
Entropie	היפורטנא
Environnement	הביבס
Essence	ןיזנב
Électrique	ילמשח
Électron	ןורטקלא
Hydrogène	ןמימ
Industrie	היישעת
Moteur	עונמ
Nucléaire	יניערג
Photon	ןוטופ
Pollution	םוהיז
Renouvelable	שדחתמ
Soleil	שמש
Turbine	הניברוט
Vent	חור

Épices
םינילבת

Aigre	ץומח
Ail	םוש
Amer	רירמ
Anis	סינא
Cannelle	ןומניק
Cardamome	לה
Coriandre	הרבסוכ
Cumin	ןומכ
Curry	יראק
Fenouil	רמוש
Gingembre	ר'גנ'ג
Muscade	טקסומ
Oignon	לצב
Paprika	הקירפפ
Poivre	לפלפ
Réglisse	שוש
Safran	ןרפעז
Saveur	םעט
Sel	חלמ
Vanille	לינו

Éthique
הקיתא

Altruisme	םזיאורטלא
Bienveillant	ןבידנ
Compassion	הלמח
Coopération	הלועפ ףותיש
Dignité	דובכ
Diplomatique	יטמולפיד
Gentillesse	דסח
Honnêteté	רשוי
Humanité	תושונאה
Intégrité	הרשוי
Optimisme	תוימיטפוא
Patience	תונלבס
Philosophie	היפוסוליפ
Raisonnable	ריבס
Rationalité	תוילנויצר
Réalisme	תוישעמ
Sagesse	המכוח
Tolérance	תונלבוס
Valeurs	םיכרע

Famille
יתחפשמ רדח

Ancêtre	ןומדק בא
Cousin	דוד ןב
Enfance	תודלי
Enfant	דלי
Enfants	םידלי
Femme	השא
Fille	תב
Frère	חא
Grand-Mère	אתבס
Grand-Père	אבס
Mari	לעב
Maternel	יהמיא
Mère	אמיא
Neveu	ןייחא
Nièce	תינייחא
Oncle	דוד
Paternel	יהבא
Père	אבא
Soeur	תוחא
Tante	הדוד

Ferme #1
קשמ #1

Abeille	הרובד
Agriculture	תואלקח
Âne	רומח
Bison	ןוזיב
Champ	הדש
Chat	לותח
Cheval	סוס
Chèvre	זע
Chien	בלכ
Clôture	רדג
Corbeau	ברוע
Eau	םימ
Engrais	ןשד
Foin	ריצח
Miel	שבד
Poulet	ףוע
Riz	זרוא
Troupeau	ןאצ
Vache	הרפ
Veau	לגע

Ferme #2
קשמ #2

Agneau	הלט
Agriculteur	רכיא
Animaux	תויח
Blé	הטיח
Canard	זוורב
Fruit	תוריפ
Grange	םסא
Irrigation	היקשה
Lait	בלח
Lama	המאל
Légume	קרי
Maïs	סרית
Moulin à Vent	חור תנחט
Mouton	םישבכ
Nourriture	ןוזמ
Oies	םיזווא
Orge	הרועש
Pré	וחא
Ruche	תרווכ
Tracteur	רוטקרט

Fleurs
פרחים

Bouquet	זר
Gardénia	גרדניה
Hibiscus	היביסקוס
Jasmin	יסמין
Jonquille	נרקיס
Lavande	לבנדר
Lilas	לילך
Lys	שושן
Magnolia	מגנוליה
Marguerite	דייזי
Orchidée	סחלב
Passiflore	פסיפלורה
Pavot	פרג
Pétale	עלי כותרת
Pissenlit	שן ארי
Pivoine	אדמונית
Rose	ורד
Tournesol	חמנית
Trèfle	תלתן
Tulipe	צבעוני

Force et Gravité
כוח וכוח הכבידה

Axe	ציר
Centre	מרכז
Découverte	גילוי
Distance	מרחק
Dynamique	דינמי
Expansion	הרחבה
Friction	חיכוך
Impact	השפעה
Magnétisme	מגנטיות
Mécanique	מכניקה
Mouvement	תנועה
Orbite	מסלול
Physique	פיזיקה
Planètes	כוכבי לכת
Poids	משקל
Pression	לחץ
Propriétés	נכסים
Temps	זמן
Universel	אוניברסלי
Vitesse	מהירות

Forêt Tropicale
יערות גשם

Amphibiens	דו-חיים
Botanique	בוטני
Climat	אקלים
Communauté	קהילה
Diversité	גיוון
Espèce	מינים
Indigène	ילידי
Insectes	חרקים
Jungle	ג'ונגל
Mammifères	יונקים
Mousse	טחב
Nature	טבע
Nuage	עננים
Oiseaux	ציפורים
Précieux	יקר
Préservation	שימור
Refuge	מקלט
Respect	כבוד
Restauration	שחזור
Survie	הישרדות

Formes
צורות

Arc	קשת
Bords	קצוות
Carré	כיכר
Cercle	מעגל
Coin	פינה
Courbe	עקומה
Cône	חרוט
Côté	צד
Cube	קובייה
Cylindre	גליל
Ellipse	אליפסה
Hyperbole	היפרבולה
Ligne	קו
Ovale	סגלגל
Polygone	מצולע
Prisme	פריזמה
Pyramide	פירמידה
Rectangle	מלבן
Triangle	משולש

Fournitures d'Art
ציוד אמנות

Acrylique	אקרילי
Aquarelles	צבעי מים
Argile	חרס
Brosses	מברשות
Caméra	מצלמה
Chaise	כיסא
Charbon	פחם
Chevalet	כן ציור
Colle	דבק
Couleurs	צבעים
Crayons	עפרונות
Créativité	יצירתיות
Eau	מים
Encre	דיו
Gomme	מחק
Huile	שמן
Idées	רעיונות
Papier	נייר
Pastels	פסטלים
Table	טבלה

Fruit
פירות

Abricot	משמש
Ananas	אננס
Avocat	אבוקדו
Baie	ברי
Banane	בננה
Cerise	דובדבן
Citron	לימון
Figue	תאנה
Framboise	פטל
Goyave	גויאבה
Kiwi	קיווי
Mangue	מנגו
Melon	מלון
Nectarine	נקטרינה
Orange	כתום
Papaye	פפאיה
Pêche	אפרסק
Poire	אגס
Pomme	תפוח
Raisin	גפן

Géographie
היפרגואג

Altitude	הבוג
Atlas	סלטא
Carte	הפמ
Continent	תשבי
Fleuve	רהנ
Hémisphère	הרפסימה
Île	יא
Latitude	בחור וק
Mer	םי
Méridien	ןאידירמ
Monde	סלוע
Montagne	רה
Nord	ןופצ
Océan	סונייקוא
Ouest	ברעמ
Pays	הנידמ
Région	רוזא
Sud	םורד
Territoire	חטש
Ville	ריע

Géologie
היגולואיג

Acide	הצמוח
Calcium	ןדיס
Caverne	הרעמ
Continent	תשבי
Corail	גומלא
Couche	הבכש
Cristaux	םישיבג
Érosion	הקיחש
Fondu	תכתומ
Fossile	ןבואמ
Geyser	רזייג
Lave	הבל
Minéraux	םילרנימ
Pierre	ןבא
Plateau	המר
Quartz	ץרווק
Sel	חלמ
Stalactite	ףיטנ
Volcan	שעג רה
Zone	רוזא

Géométrie
הירטמואג

Angle	תיווז
Calcul	בושיח
Cercle	לגעמ
Courbe	המוקע
Diamètre	רטוק
Dimension	דממ
Équation	האוושמ
Hauteur	הבוג
Logique	הקיגול
Masse	הסמ
Médian	ןויצח
Nombre	רפסמ
Parallèle	ליבקמ
Proportion	היצרופורפ
Segment	עטק
Surface	חטשמ
Symétrie	הירטמיס
Théorie	הירואית
Triangle	שלושמ
Vertical	יכנא

Gouvernement
הלשממה

Citoyenneté	תוחרזא
Civil	ידא
Constitution	הקוח
Démocratie	היטרקומד
Discours	רוביד
Discussion	ןויד
Droits	תויוכז
Égalité	ןויווש
État	בצמ
Indépendance	תואמצע
Judiciaire	יטופיש
Justice	קדצ
Liberté	תוריח
Loi	קוח
Monument	הטרדנא
Nation	המוא
National	ימואל
Paisible	וולש
Politique	הקיטילופ
Symbole	למס

Herboristerie
אפרמ יחמצ

Ail	םוש
Aromatique	יטמורא
Basilic	ןחיר
Bénéfique	ליעומ
Culinaire	ירנילוק
Estragon	ןוגרט
Fenouil	רמש
Fleur	חרפ
Ingrédient	ביכרמ
Jardin	ןג
Lavande	רדנבל
Marjolaine	ןרוימ
Menthe	הטנמ
Persil	הילוזרטפ
Qualité	תוכיא
Romarin	ןירמזור
Safran	ןרפעז
Saveur	םעט
Thym	ןימיט
Vert	קורי

Ingénierie
הסדנה

Angle	תיווז
Axe	ריצ
Calcul	בושיח
Construction	היינב
Diagramme	םישרת
Diamètre	רטוק
Diesel	לזיד
Distribution	הצפה
Engrenages	םיכולגיס
Énergie	היגרנא
Force	חוכ
Liquide	לזונ
Machine	הנוכמ
Mesure	הדידמ
Moteur	עונמ
Profondeur	קמוע
Propulsion	הענה
Rotation	בוביס
Stabilité	תוביצי
Structure	הנבמ

Instruments de Musique
כלי נגינה

Banjo	בנג'ו
Basson	בסון
Clarinette	קלרינט
Flûte	חליל
Gong	גונג
Guitare	גיטרה
Harmonica	מפוחית
Harpe	נבל
Hautbois	אבוב
Mandoline	מנדולינה
Marimba	מרימבה
Piano	פסנתר
Pilons	מקלות תיפוף
Saxophone	סקסופון
Tambour	תוף
Tambourin	תוף מרים
Trombone	טרומבון
Trompette	חצוצרה
Violon	כינור
Violoncelle	צ'לו

Jardin
גן

Arbre	עץ
Banc	ספסל
Buisson	שיח
Clôture	גדר
Étang	בריכה
Fleur	פרח
Garage	מוסך
Hamac	ערסל
Herbe	דשא
Jardin	גן
Mauvaises Herbes	עשבים שוטים
Pelle	את חפירה
Porche	מרפסת
Râteau	מגרפה
Roches	סלעים
Sol	אדמה
Terrasse	טרסה
Trampoline	טרמפולינה
Tuyau	צינור
Vigne	גפן

Jardinage
גינון

Botanique	בוטני
Bouquet	זר
Climat	אקלים
Comestible	אכיל
Compost	קומפוסט
Eau	מים
Espèce	מינים
Exotique	אקזוטי
Feuillage	ע.ל.י.
Feuille	עלה
Fleur	פריחה
Floral	פרחוני
Graines	זרעים
Humidité	לחות
Récipient	מיכל
Saisonnier	עונתי
Saleté	עפר
Sol	אדמה
Tuyau	צינור

Jazz
ג'אז

Album	אלבום
Artiste	אמן
Célèbre	מפורסם
Chanson	שיר
Compositeur	מלחין
Composition	הרכב
Concert	קונצרט
Favoris	מועדפים
Genre	ז'אנר
Improvisation	אלתור
Musique	מוזיקה
Nouveau	חדש
Orchestre	תזמורת
Rythme	קצב
Solo	סולו
Style	סגנון
Talent	כישרון
Tambours	תופים
Technique	טכניקה
Vieux	ישן

Jours et Mois
ימים וחודשים

Août	אוגוסט
Avril	אפריל
Calendrier	לוח שנה
Dimanche	יום ראשון
Février	פברואר
Janvier	ינואר
Jeudi	יום חמישי
Juillet	יולי
Juin	יוני
Lundi	יום שני
Mardi	יום שלישי
Mars	מרץ
Mercredi	יום רביעי
Mois	חודש
Novembre	נובמבר
Octobre	אוקטובר
Samedi	יום שבת
Semaine	שבוע
Septembre	ספטמבר
Vendredi	יום שישי

L'Entreprise
הרבחה

Affaires	עסקים
Créatif	יצירתי
Décision	החלטה
Emploi	תעסוקה
Industrie	תעשייה
Innovant	חדשני
Investissement	השקעה
Possibilité	אפשרות
Présentation	מצגת
Produit	מוצר
Professionnel	מקצועי
Progrès	התקדמות
Qualité	איכות
Ressources	משאבים
Revenu	הכנסה
Réputation	מוניטין
Risques	סיכונים
Salaire	שכר
Tendances	מגמות
Unités	יחידות

Les Abeilles
דבורים

Ailes	כנפיים
Bénéfique	מועיל
Cire	שעווה
Diversité	גיוון
Essaim	נחיל
Fleur	פריחה
Fleurs	פרחים
Fruit	פירות
Fumée	עשן
Insecte	חרק
Jardin	גן
Miel	דבש
Nourriture	מזון
Plantes	צמחים
Pollen	אבקה
Pollinisateur	מאביק
Reine	מלכה
Ruche	כוורת
Soleil	שמש

Les Médias
תקשורת

Attitudes	עמדות
Commercial	מסחרי
Communication	תקשורת
En Ligne	מקוון
Édition	מהדורה
Éducation	חינוך
Faits	עובדות
Financement	מימון
Industrie	תעשייה
Intellectuel	אינטלקטואלי
Journaux	עיתונים
Local	מקומי
Magazines	מגזינים
Numérique	דיגיטלי
Opinion	דעה
Photos	תמונות
Public	ציבור
Radio	רדיו
Réseau	רשת
Télévision	טלוויזיה

Légumes
ירקות

Ail	שום
Artichaut	ארטישוק
Aubergine	חציל
Brocoli	ברוקולי
Carotte	גזר
Céleri	סלרי
Champignon	פטרייה
Citrouille	דלעת
Concombre	מלפפון
Échalote	שאלות
Épinard	תרד
Gingembre	ג'ינג'ר
Navet	לפת
Oignon	בצל
Olive	זית
Persil	פטרוזיליה
Pois	אפונה
Radis	צנון
Salade	סלט
Tomate	עגבנייה

Littérature
ספרות

Analogie	אנלוגיה
Analyse	ניתוח
Anecdote	אנקדוטה
Auteur	מחבר
Biographie	ביוגרפיה
Comparaison	השוואה
Conclusion	סיכום
Description	תיאור
Dialogue	דיאלוג
Fiction	בדיוני
Métaphore	מטאפורה
Narrateur	קריין
Poème	שיר
Poétique	פואטי
Rime	חרוז
Roman	רומן
Rythme	קצב
Style	סגנון
Thème	נושא מרכזי
Tragédie	טרגדיה

Livres
ספרים

Auteur	מחבר
Aventure	הרפתקה
Collection	אוסף
Contexte	הקשר
Dualité	דואליות
Épique	אפי
Histoire	סיפור
Historique	היסטורי
Humoristique	הומוריסטי
Inventif	המצאה
Lecteur	קורא
Littéraire	ספרותי
Narrateur	קריין
Page	דף
Pertinent	רלוונטי
Poème	שיר
Poésie	שירה
Roman	רומן
Série	סדרה
Tragique	טרגי

Maison
בית

Balai	מטאטא
Bibliothèque	ספרייה
Chambre	חדר
Cheminée	אח
Clés	מפתחות
Clôture	גדר
Cuisine	מטבח
Douche	מקלחת
Fenêtre	חלון
Garage	מוסך
Grenier	עליית גג
Jardin	גן
Lampe	מנורה
Miroir	מראה
Mur	קיר
Plafond	תקרה
Porte	דלת
Rideaux	וילונות
Tapis	שטיח
Toit	גג

Mammifères

ירנקיפ

Baleine	ןתיוול
Chat	לותח
Cheval	סוס
Chien	בלכ
Coyote	תוברע באז
Dauphin	ןיפלוד
Éléphant	ליפ
Girafe	הפריג'
Gorille	הלירוג
Kangourou	ורוגנק
Lapin	בנרא
Lion	היירא
Loup	באז
Mouton	םישבכ
Ours	בוד
Renard	לעוש
Singe	ףוק
Taureau	רוש
Tigre	רמנ
Zèbre	הרבז

Mathématiques

הקיטמתמ

Angles	תויווז
Arithmétique	ןובשח
Carré	עוביר
Degrés	תולעמ
Décimal	ינורשע
Diamètre	רטוק
Exposant	ךירעמ
Équation	האוושמ
Fraction	רבש
Géométrie	הירטמואג
Nombres	םירפסמ
Parallèle	ליבקמ
Parallélogramme	תיליבקמ
Périmètre	ףקיה
Polygone	עלוצמ
Rectangle	ןבלמ
Somme	םוכס
Symétrie	הירטמיס
Triangle	שלושמ
Volume	חפנ

Mesures

תודידמ

Centimètre	רטמיטנס
Degré	ראות
Décimal	ינורשע
Gramme	םרג
Hauteur	הבוג
Kilogramme	םרגוליק
Kilomètre	רטמוליק
Largeur	בחור
Litre	רטיל
Longueur	ךרוא
Masse	הסמ
Mètre	רטמ
Minute	הקד
Octet	תיב
Once	תייקנוא
Poids	לקשמ
Pouce	ץניא
Profondeur	קמוע
Tonne	ןוט
Volume	חפנ

Méditation

היצטידמ

Acceptation	הלבק
Apprendre	דומלל
Calme	עוגר
Clarté	תוריהב
Compassion	הלמח
Esprit	חומ
Émotions	תושגר
Éveillé	רע
Gentillesse	דסח
Gratitude	הדות תרכה
Habitudes	םילגרה
Mental	שפנ
Mouvement	העונת
Musique	הקיזומ
Nature	עבט
Paix	םולש
Pensées	תובשחמ
Perspective	הביטקפסרפ
Posture	הביצי
Silence	הקיתש

Météo

ריווא גזמ

Arc-En-Ciel	תשק
Atmosphère	הריווא
Brise	רוח ִ
Brouillard	לפרע
Ciel	עיקר
Climat	םילקא
Glace	חרק
Humide	לח
Mousson	ןוסנומ
Nuage	ןנע
Ouragan	ןקירוה
Polaire	בטוקה
Sec	שבי
Sécheresse	תרוצב
Température	הרוטרפמט
Tempête	הרעס
Tonnerre	םער
Tornade	ודנרוט
Tropical	יפורט
Vent	חור

Mode

הנפוא

Boutique	קיטוב
Boutons	םינצחל
Broderie	המקר
Cher	רקי
Confortable	חונ
Dentelle	הרחת
Élégant	יטנגלא
Mesures	תודימ
Minimaliste	יטסילמינימ
Moderne	ינרדומ
Modeste	עונצ
Modèle	תינבת
Original	ירוקמ
Pratique	ישעמ
Simple	טושפ
Sophistiqué	םכחותמ
Style	ןונגס
Tendance	המגמ
Texture	םקרמ
Tissu	דב

Musique
מוסיקה

Album	אלבום
Ballade	בלדה
Chanter	שר
Chanteur	זמר
Classique	קלָ.סָא.י
Enregistrement	הקלטה
Harmonie	הרמוניה
Harmonique	הרמוני
Improviser	לאלתר
Instrument	כלי
Lyrique	לירי
Mélodie	מנגינה
Microphone	מיקרופון
Musical	מחזמר
Musicien	מוזיקאי
Opéra	אופרה
Poétique	פואטי
Rythme	קצב
Rythmique	קצבי
Vocal	קולי

Mythologie
מיתולוגיה

Archétype	ארכיטיפוס
Catastrophe	אסון
Comportement	התנהגות
Création	יצירה
Créature	יצור
Croyances	אמונות
Culture	תרבות
Éclair	ברק
Force	כוח
Guerrier	לוחם
Héros	גיבור
Immortalité	נ.צ.ח
Jalousie	קנאה
Labyrinthe	מבוך
Légende	אגדה
Magique	קסום
Monstre	מפלצת
Mortel	בן תמותה
Tonnerre	רעם
Vengeance	נקמה

Nature
טבע

Abeilles	דבורים
Animaux	חיות
Arctique	ארקטי
Beauté	יופי
Brouillard	ערפל
Désert	מדבר
Dynamique	דינמי
Érosion	שחיקה
Feuillage	ע.ל.י
Fleuve	נהר
Forêt	יער
Glacier	קרחון
Montagnes	הרים
Nuage	ענני
Paisible	שליו
Sanctuaire	מקלט
Sauvage	פראי
Serein	שלוו
Tropical	טרופי
Vital	חיוני

Nombres
מספרים

Cinq	חמש
Deux	שתיים
Décimal	עשרוני
Dix	עשר
Dix-Huit	שמונה עשר
Dix-Neuf	תשע עשרה
Dix-Sept	שבע עשרה
Douze	שניים עשר
Huit	שמונה
Neuf	תשע
Quatorze	ארבעה עשר
Quatre	ארבע
Quinze	חמישה עשר
Seize	שש עשרה
Sept	שבע
Six	שש
Treize	שלוש עשרה
Trois	שלוש
Vingt	עשרים
Zéro	אפס

Nourriture #1
מזון #1

Ail	שום
Basilic	ריחן
Café	קפה
Cannelle	קינמון
Carotte	גזר
Citron	לימון
Épinard	תרד
Fraise	תות שדה
Jus	מיץ
Lait	חלב
Navet	לפת
Oignon	בצל
Orge	שעורה
Poire	אגס
Salade	סלט
Sel	מלח
Soupe	מרק
Sucre	סוכר
Thon	טונה
Viande	בשר

Nourriture #2
מזון #2

Amande	שקד
Aubergine	חציל
Banane	בננה
Blé	חיטה
Brocoli	ברוקולי
Cerise	דובדבן
Céleri	סלרי
Champignon	פטרייה
Chocolat	שוקולד
Jambon	חם
Kiwi	קיווי
Mangue	מנגו
Oeuf	ביצה
Pain	לחם
Poisson	דג
Pomme	תפוח
Poulet	עוף
Raisin	גפן
Riz	אורז
Tomate	עגבנייה

Nutrition
הנוזת

Amer	מריר
Appétit	תיאבון
Calories	קלוריות
Comestible	אכיל
Diète	דיאטה
Digestion	עיכול
Épices	תבלינים
Équilibré	מאוזן
Fermentation	תסיסה
Glucides	פחמימות
Liquides	נוזלים
Poids	משקל
Protéines	חלבונים
Qualité	איכות
Sain	בריא
Santé	בריאות
Sauce	רוטב
Saveur	טעם
Toxine	רעל
Vitamine	ויטמין

Océan
אוקיינוס

Anguille	צלופח
Baleine	לוויתן
Bateau	סירה
Corail	אלמוג
Crabe	סרטן
Crevette	שרימפס
Dauphin	דולפין
Éponge	ספוג
Huître	צדפה
Marées	גאות ושפל
Méduse	מדוזה
Poisson	דג
Poulpe	תמנון
Requin	כריש
Récif	שונית
Sel	מלח
Tempête	סערה
Thon	טונה
Tortue	צב
Vagues	גלים

Oiseaux
ציפורים

Aigle	נשר
Autruche	יען
Canard	ברווז
Cigogne	חסידה
Corbeau	עורב
Coucou	קוקייה
Cygne	ברבור
Flamant	פלמינגו
Héron	אנפה
Manchot	פינגווין
Moineau	דרור
Mouette	שחף
Oeuf	ביצה
Oie	אווז
Paon	טווס
Perroquet	תוכי
Pélican	שקנאי
Pigeon	יונה
Poulet	עוף
Toucan	טוקאן

Pays #1
מדינות 1#

Afghanistan	אפגניסטן
Allemagne	גרמניה
Argentine	ארגנטינה
Brésil	ברזיל
Canada	קנדה
Espagne	ספרד
Équateur	אקוודור
Finlande	פינלנד
Inde	הודו
Israël	ישראל
Libye	לוב
Mali	מאלי
Maroc	מרוקו
Nicaragua	ניקרגואה
Norvège	נורווגיה
Panama	פנמה
Philippines	פיליפינים
Pologne	פולין
Roumanie	רומניה
Venezuela	ונצואלה

Pays #2
מדינות 2#

Albanie	אלבניה
Chine	סין
Danemark	דנמרק
France	צרפת
Haïti	האיטי
Indonésie	אינדונזיה
Irlande	אירלנד
Jamaïque	ג'מייקה
Japon	יפן
Kenya	קניה
Laos	לאוס
Liban	לבנון
Mexique	מקסיקו
Ouganda	אוגנדה
Pakistan	פקיסטן
Russie	רוסיה
Somalie	סומליה
Soudan	סודן
Syrie	סוריה
Ukraine	אוקראינה

Paysages
נופים

Cascade	מפל
Colline	גבעה
Désert	מדבר
Estuaire	שפך
Fleuve	נהר
Geyser	גייזר
Grotte	מערה
Iceberg	קרחון
Île	אי
Lac	אגם
Marais	ביצה
Mer	ים
Montagne	הר
Oasis	אואזיס
Océan	אוקיינוס
Péninsule	חצי אי
Plage	חוף
Toundra	טונדרה
Vallée	עמק
Volcan	הר געש

Philanthropie

פילנתרופיה

Besoin	צורך
Buts	מטרות
Charité	צדקה
Communauté	קהילה
Contacts	אנשי קשר
Défis	אתגרים
Enfants	ילדים
Finance	מימון
Fonds	כספים
Gens	אנשים
Générosité	נדיבות
Groupes	קבוצות
Histoire	היסטוריה
Honnêteté	יושר
Humanité	האנושות
Jeunesse	נוער
Mission	משימה
Programmes	תוכניות
Public	ציבור

Physique

פיזיקה

Accélération	תאוצה
Atome	אטום
Chaos	כאוס
Chimique	כימי
Densité	צפיפות
Expansion	הרחבה
Électron	אלקטרון
Formule	נוסחה
Fréquence	תדירות
Gaz	גז
Magnétisme	מגנטיות
Masse	מסה
Mécanique	מכניקה
Molécule	מולקולה
Moteur	מנוע
Nucléaire	גרעיני
Particule	חלקיק
Relativité	יחסות
Universel	אוניברסלי
Vitesse	מהירות

Plage

חוף

Bateau	סירה
Bleu	כחול
Coquilles	פגזים
Côte	חוף
Crabe	סרטן
Dock	עגן
Île	אי
Lagune	לגונה
Mer	ים
Nager	לשחות
Océan	אוקיינוס
Parapluie	מטריה
Récif	שונית
Sable	חול
Sandales	סנדלים
Serviette	מגבת
Soleil	שמש
Vacances	חופשה
Voilier	מפרשית

Plantes

צמחים

Arbre	עץ
Baie	ברי
Bambou	במבוק
Botanique	בוטניקה
Buisson	בוש
Cactus	קקטוס
Engrais	דשן
Feuillage	עִלִים
Feuille	עלה
Fleur	פרח
Forêt	יער
Grandir	לגדול
Haricot	שעועית
Herbe	דשא
Jardin	גן
Lierre	קיסוס
Mousse	טחב
Pétale	עלי כותרת
Racine	שורש
Végétation	צמחייה

Professions #1

מקצועות #1

Ambassadeur	שגריר
Astronome	אסטרונום
Avocat	עורך דין
Banquier	בנקאי
Bijoutier	תכשיטן
Cartographe	קרטוגרף
Chasseur	צייד
Danseur	רקדן
Entraîneur	מאמן
Éditeur	עורך
Géologue	גיאולוג
Infirmière	אחות
Médecin	דוקטור
Musicien	מוזיקאי
Pianiste	פסנתרן
Plombier	שרברב
Pompier	כבאי
Psychologue	פסיכולוג
Scientifique	מדען
Vétérinaire	וטרינר

Professions #2

מקצועות #2

Astronaute	אסטרונאוט
Bibliothécaire	ספרנית
Biologiste	ביולוג
Chercheur	חוקר
Chirurgien	מנתח
Dentiste	רופא שיניים
Détective	בלש
Enseignant	מורה
Illustrateur	מאייר
Ingénieur	מהנדס
Inventeur	ממציא
Jardinier	גנן
Journaliste	עיתונאי
Linguiste	בלשן
Médecin	רופא
Peintre	צייר
Philosophe	פילוסוף
Photographe	צלם
Pilote	טייס
Zoologiste	זואולוג

Psychologie
פסיכולוגיה

Clinique	קליני
Cognition	קוגניציה
Comportement	התנהגות
Conflit	התנגשות
Ego	אגו
Enfance	ילדות
Expériences	חוויות
Émotions	רגשות
Évaluation	הערכה
Idées	רעיונות
Inconscient	לא מודע
Influences	השפעות
Pensées	מחשבות
Perception	תפיסה
Personnalité	אישיות
Problème	בעיה
Réalité	מציאות
Rêves	חלומות
Sensation	תחושה
Thérapie	טיפול

Randonnée
טיולים רגליים

Animaux	חיות
Bottes	מגפיים
Camping	קמפינג
Carte	מפה
Climat	אקלים
Eau	מים
Falaise	צוק
Fatigué	עייף
Guides	מדריכים
Lourd	כבד
Météo	מזג אוויר
Montagne	הר
Nature	טבע
Orientation	ניווט
Parcs	פארקים
Pierres	אבנים
Préparation	הכנה
Sauvage	פראי
Soleil	שמש
Sommet	פסגה

Restaurant #1
מסעדה #1

Allergie	אלרגיה
Assiette	צלחת
Bol	קערה
Café	קפה
Caissier	קופאית
Couteau	סכין
Cuisine	מטבח
Dessert	קינוח
Épicé	חריף
Ingrédients	מרכיבים
Menu	תפריט
Nourriture	מזון
Pain	לחם
Poulet	עוף
Réservation	הזמנה
Sauce	רוטב
Serveuse	מלצרית
Serviette	מפית
Viande	בשר

Restaurant #2
מסעדה #2

Apéritif	מתאבן
Chaise	כיסא
Cuillère	כף
Déjeuner	ארוחת צהריים
Délicieux	טעים
Dîner	ארוחת ערב
Eau	מים
Épices	תבלינים
Fourchette	מזלג
Fruit	פירות
Gâteau	עוגה
Glace	קרח
Légumes	ירקות
Nouilles	אטריות
Oeuf	ביצים
Poisson	דג
Salade	סלט
Sel	מלח
Serveur	מלצר
Soupe	מרק

Santé et Bien-Être #1
בריאות ובריאות #1

Actif	פעיל
Bactéries	חיידקים
Blessure	פציעה
Clinique	מרפאה
Faim	רעב
Fracture	שבר
Habitude	הרגל
Hauteur	גובה
Hormone	הורמונים
Médecin	דוקטור
Médicament	רפואה
Muscles	שרירים
Os	עצמות
Peau	עור
Pharmacie	בית מרקחת
Posture	יציבה
Relaxation	הרפיה
Réflexe	רפלקס
Traitement	טיפול
Virus	נגיף

Santé et Bien-Être #2
בריאות ובריאות #2

Allergie	אלרגיה
Anatomie	אנטומיה
Appétit	תיאבון
Calorie	קלוריה
Corps	גוף
Déshydratation	התייבשות
Énergie	אנרגיה
Génétique	גנטיקה
Hôpital	בית חולים
Hygiène	היגיינה
Infection	זיהום
Maladie	חולי
Massage	עיסוי
Nutrition	תזונה
Poids	משקל
Récupération	שחזור
Sain	בריא
Sang	דם
Stress	לחץ
Vitamine	ויטמין

Science
עדמ

Atome	מוטא
Chimique	ימיכ
Climat	מילקא
Données	מינותנ
Expérience	יוסינ
Évolution	היצולובא
Fait	הדבוע
Fossile	ןבואמ
Hypothèse	החנה
Laboratoire	הדבעמ
Méthode	הטיש
Minéraux	מילרנימ
Molécules	תולוקלומ
Nature	עבט
Organisme	מזינגרוא
Particules	מיקיקלח
Physique	הקיזיפ
Plantes	מיחמצ
Scientifique	ןעדמ

Science-Fiction
ינוידב עדמ

Atomique	ימוטא
Cinéma	עונלוק
Dystopie	היפוטסיד
Explosion	ץוציפ
Extrême	ינוציק
Fantastique	יטסטנפ
Feu	שא
Futuriste	ינדיתע
Galaxie	היסקלג
Illusion	הילשא
Imaginaire	ינוימד
Livres	מירפס
Monde	מלוע
Mystérieux	ירותסמ
Oracle	לקרוא
Planète	תכל בכוכ
Robots	מיטובור
Scénario	שיחרת
Technologie	היגולונכט
Utopie	היפוטוא

Sport
טרופס

Athlète	יאטרופס
Capacité	תלוכי
Cardiovasculaire	מד ילכו בל
Corps	ףוג
Danse	דוקיר
Diète	הטאיד
Endurance	תלובים
Entraîneur	ןמאמ
Force	חוכ
Jogging	הציר
Maximiser	מסקמל
Métabolique	ילובטמ
Muscles	מירירש
Nager	תוחשל
Nutrition	הנוזת
Objectif	הרטמ
Os	תומצע
Programme	תינכת
Santé	תואירב
Sports	טרופס

Temps
ןמז

Année	הנש
Annuel	יתנש
Après	רחאל
Avant	ינפל
Bientôt	בורקב
Calendrier	הנש חול
Décennie	רושע
Futur	דיתע
Heure	העש
Hier	לומתא
Horloge	ןועש
Jour	מוי
Maintenant	וישכע
Matin	רקוב
Midi	מיירהצ
Minute	הקד
Mois	שדוח
Nuit	הליל
Semaine	עובש
Siècle	האמ

Types de Cheveux
רעיש יגוס

Argent	ףסכ
Blanc	ןבל
Blond	ינידנולב
Boucles	מילתלת
Brillant	קירבמ
Chauve	חריק
Coloré	ינועבצ
Court	רצק
Doux	ךר
Épais	הבע
Frisé	לתלותמ
Gris	רופא
Long	ךורא
Marron	מוח
Mince	הזר
Noir	רוחש
Ondulé	ילג
Sain	אירב
Sec	שבי
Tressé	עולק

Univers
מוקי

Astéroïde	דיאורטסא
Astronome	מונורטסא
Astronomie	הימונורטסא
Atmosphère	הריווא
Ciel	עיקר
Cosmique	ימסוק
Équateur	הוושמה וק
Galaxie	היסקלג
Hémisphère	הרפסימה
Horizon	קפוא
Latitude	בחור וק
Longitude	ךרוא
Lune	חרי
Obscurité	ךשוח
Orbite	לולסמ
Solaire	שמש
Solstice	ךופיה
Télescope	פוקסלט
Visible	יולג
Zodiaque	תולזמה לגלג

Vacances #2

שפון #2

Aéroport	הפועת הדש
Camping	גניפמק
Carte	הפמ
Destination	דעי
Étranger	רז
Hôtel	ןולמ
Île	יא
Loisir	יאנפ
Mer	םי
Passeport	ןוכרד
Plage	ףוח
Restaurant	הדעסמ
Réservations	תונמזה
Taxi	תינומ
Tente	להוא
Train	תבכר
Transport	הרובחת
Vacances	גח
Visa	הזיו
Voyage	עסמ

Véhicules

בכר ילכ

Ambulance	סנלובמא
Avion	סוטמ
Bateau	הריס
Bus	סובוטוא
Camion	תיאשמ
Caravane	ןאוורק
Ferry	תרובעמ
Fusée	הטקר
Hélicoptère	קוסמ
Métro	תיתחת תבכר
Moteur	עונמ
Navette	תועסה
Pneus	םיגימצ
Radeau	הדוספר
Scooter	עונטק
Sous-Marin	תללוצ
Taxi	תינומ
Tracteur	רוטקרט
Vélo	םיינפוא
Voiture	תינוכמ

Vêtements

םידגב

Bijoux	םיטישכת
Bracelet	דימצ
Ceinture	הרוגח
Chapeau	עבוכ
Chaussettes	םייברג
Chaussure	לענ
Chemise	הצלוח
Collier	תרשרש
Foulard	ףיעצ
Gants	תופפכ
Jeans	סני'ג
Jupe	תיאצח
Manteau	ליעמ
Mode	הנפוא
Pantalon	םייסנכמ
Pull	רדווס
Pyjama	המ'גיפ
Robe	הלמש
Sandales	םילדנס
Tablier	רניס

Ville

ריעה

Aéroport	הפועת הדש
Banque	קנב
Bibliothèque	הירפס
Boulangerie	הייפאמ
Cinéma	עונלוק
Clinique	האפרמ
École	רפס תיב
Fleuriste	םיחרפ
Galerie	הירלג
Hôtel	ןולמ
Librairie	םירפס תונח
Marché	קוש
Musée	ןואיזומ
Pharmacie	תחקרמ תיב
Restaurant	הדעסמ
Stade	ןוידטצא
Supermarché	טקרמרפוס
Théâtre	ןורטאית
Université	הטיסרבינוא
Zoo	ןג תויח

Félicitations

Vous avez réussi !

Nous espérons que vous avez apprécié ce livre autant que nous avons pris plaisir à le concevoir. Nous faisons de notre mieux pour créer des livres de la meilleure qualité possible.
Cette édition est conçue pour permettre un apprentissage intelligent et de qualité en se divertissant !

Vous avez aimé ce livre ?

Une Simple Demande

Nos livres existent grâce aux avis que vous publiez. Pourriez-vous nous aider en laissant un avis maintenant ?

Voici un lien rapide qui vous mènera à votre page d'évaluation de vos commandes :

BestBooksActivity.com/Avis50

CHALLENGE FINAL !

Défi n°1

Êtes-vous prêt pour votre jeu bonus ? Nous les utilisons tout le temps mais ils ne sont pas si faciles à trouver. Voici les **Synonymes** !

Notez 5 mots que vous avez trouvés dans les puzzles notés ci-dessous (n°21, n°36, n°76) et essayez de trouver 2 synonymes pour chaque mot.

Notez 5 Mots du **Puzzle 21**

Mots	Synonyme 1	Synonyme 2

Notez 5 Mots du **Puzzle 36**

Mots	Synonyme 1	Synonyme 2

Notez 5 Mots du **Puzzle 76**

Mots	Synonyme 1	Synonyme 2

Défi n°2

Maintenant que vous vous êtes échauffé, notez 5 mots que vous avez découverts dans les Puzzles n° 9, n° 17, n° 25 et essayez de trouver 2 antonymes pour chaque mot. Combien pouvez-vous en trouver en 20 minutes ?

Notez 5 Mots du **Puzzle 9**

Mots	Antonyme 1	Antonyme 2

Notez 5 Mots du **Puzzle 17**

Mots	Antonyme 1	Antonyme 2

Notez 5 Mots du **Puzzle 25**

Mots	Antonyme 1	Antonyme 2

Défi n°3

Formidable ! Ce défi final   n'est rien pour vous.

Prêt pour le dernier défi ? Choisissez 10 mots que vous avez découverts parmi les différents puzzles et notez-les ci-dessous.

1.	6.
2.	7.
3.	8.
4.	9.
5.	10.

Maintenant, composez un texte en pensant à une personne, un animal ou un lieu que vous aimez !

Astuce: Vous pouvez utiliser la dernière page de ce livre comme brouillon !

Votre Composition :

CARNET DE NOTES :

À TRÈS BIENTÔT !

Toute l'équipe

DECOUVREZ DES JEUX GRATUITS

GO

BESTACTIVITYBOOKS.COM/FREEGAMES